A.A. MILNE

Ich und Du, der Bär heißt Pu

Gedichte

Mit Illustrationen von Ernest H. Shepard
Aus dem Englischen von Christa Schuenke

Atrium Verlag · Zürich

Als wir noch ganz klein waren

Für *Christopher Robin Milne* oder,
wie er sich selbst zu nennen pflegt, BILLY MOON,
dem dieses Buch, an welchem er so großen Anteil hat,
in aller Bescheidenheit gewidmet ist.

SCHNELL NOCH EIN PAAR WORTE,
BEVOR WIR ANFANGEN

Zuerst (aber inzwischen habe ich es mir anders überlegt) wollte ich jedem dieser Gedichte eine kleine Vorbemerkung voranstellen, genau wie William Wordsworth, der seinen Lesern immer gern mitgeteilt hat, wo er sich gerade aufhielt und mit welchem seiner Freunde er eben spazieren ging und worüber er just nachgedacht hatte, als ihm die Idee zu dem jeweiligen Gedicht kam. Hier in diesem Buch werdet Ihr, falls Ihr überhaupt so weit kommt, ein paar Zeilen über einen Schwan finden, und in der Vorbemerkung hätte ich Euch erklären müssen, dass Christopher Robin diesen Schwan, den er übrigens jeden Morgen füttert, auf den Namen »Pu« getauft hat. Das ist ein sehr schöner Name für einen Schwan, denn wenn man ihn ruft und er kommt nicht (was Schwäne ja nun einmal so an sich haben), kann man so tun, als hätte man bloß mal »Pu!« gesagt, einfach so, damit der Bursche sieht, dass er einem herzlich schnuppe ist. Und dann hätte ich Euch noch erzählen müssen, dass zu dem See, auf dem dieser Pu ist, jeden Nachmittag sechs Kühe kommen, um dort zu saufen, und die sagen natürlich »Muh«, wenn sie da sind. Und eines schönen Tages, als ich mit meinem Freund Christopher Robin spazieren ging, hab ich so bei mir gedacht: Muh, das reimt sich auf Pu! Da müsste sich doch ein kleines Gedicht draus machen lassen. Ja, und dann habe ich über den Schwan auf seinem See nachgedacht; und als Erstes habe ich gedacht, so ein Glück aber auch, dass er Pu heißt; und dann hab ich nicht mehr weiter drüber nachgedacht ... und auf einmal war es da, das Gedicht, aber ganz anders, als ich es mir vorgestellt hatte ..., und heute kann ich zu diesem Gedicht nur sagen, dass ich es überhaupt nicht geschrieben hätte, wenn Christopher Robin nicht gewesen wäre; und zu den anderen kann ich eigentlich auch nichts weiter sagen. Und darum passen diese ganzen Gedichte hier auch so gut zusammen, weil sie alle miteinander Freunde von Christopher Robin sind; und wenn ich eins weggelassen hätte, weil es nicht ganz so gut gelungen war wie das davor, dann hätte ich das davor auch weglassen müssen, weil es nicht ganz so gut gelungen war wie das nächste, was allerdings für alle zusammen eine große Enttäuschung gewesen wäre.

Und noch etwas. Ihr mögt Euch mitunter fragen, wer eigentlich aus diesen Versen spricht. Ist es der Verfasser, jenes zwar merkwürdige, aber vollkommen uninteressante Wesen, oder ist es Christopher Robin oder irgendein anderes Kind, oder ist es vielleicht die Nörsie, unsere Kinderfrau, die man eigentlich Nurse schreibt, oder ist es etwa der Hu? Ich weiß ja nicht, ob Ihr dem Hu schon mal begegnet seid, aber der gehört zu diesen seltsamen Kindern, die am Montag aussehen, als ob sie vier sind, am Dienstag wie acht und am Samstag sind sie in Wirklichkeit schon achtundzwanzig; das ist so einer, bei dem man nie weiß, ob er heute das R richtig aussprechen kann. Er hat großen Anteil an diesen Gedichten. Ja, wirklich, man könnte fast sagen, dieses Buch ist ganz allein das Werk von Christopher Robin, Hu und Mr. Shepard, der die Bilder gezeichnet hat. Sie haben sich mehrfach höflich beieinander bedankt, und jetzt möchten sie Euch dafür danken, dass sie bei Euch zu Hause sein dürfen. »Tausend Dank, dass Ihr uns eingeladen habt. Wir sind schon zur Stelle.«

A. A. M.

STRASSENECKE

Vorne, wo die schmale Gasse
  Mündet in die breite Straße
    Und die Füße, Schritt für Schritt,
Machen »Twitt-twitt-twitt«,
Wer kommt denn da? Ich hör's am Schritt:
  Ein Paar Schnürschuh, das ist Nörsie,
  Ein Paar Slipper, das ist Percey …
    Twitt! Twitt! Twitt!

BUCKINGHAM PALACE

Wachablösung vorm Buckingham Palace –
Christopher Robin war da mit Alice.
Alice heiratet mal einen Soldat,
»Weil so ein Soldat nichts zu lachen hat«,

                                Sagt Alice.

Wachablösung vorm Buckingham Palace –
Christopher Robin war da mit Alice.
Die Soldaten haben nicht mit der Wimper gezuckt.
»Der Major hat bloß auf die Socken geguckt«,

                                Sagt Alice.

Wachablösung vorm Buckingham Palace –
Christopher Robin war da mit Alice.
Der König kam nicht raus. Der blieb drinnen sitzen.
»Der liebe Gott soll ihn trotzdem beschützen«,

                                Sagt Alice.

Wachablösung vorm Buckingham Palace –
Christopher Robin war da mit Alice.
Im Park gibt's oft Feste, da trifft sich die Welt.
»Ich wär nicht gern König, nicht für noch so viel Geld«,
                                        Sagt Alice.

Wachablösung vorm Buckingham Palace –
Christopher Robin war da mit Alice.
Da war wer am Fenster, doch nicht Majestät.
»Der unterschreibt Akten von früh nur bis spät«,
                                        Sagt Alice.

Wachablösung vorm Buckingham Palace –
Christopher Robin war da mit Alice.
»Sag, ob der König wohl weiß, wer ich bin?«
»Na klar! Doch jetzt trink deinen Tee; setz dich hin!«,
                                        Sagt Alice.

GLÜCK

John hat
Ganz, ganz hohe
Wasserdichte
Gummistiefel;
John hat einen
Ganz, ganz großen
Wasserdichten
Hut;
John hat einen
Ganz, ganz weiten
Wasserdichten
Regenmantel –
Und das
(Sagt John)
　　Ist
　　Gut.

TAUFEN

Fällt euch denn kein Name ein
   Für den Bilch, den ich heut fing?
Seine Augen sind sehr klein,
   Doch sein Schwanz – ein Riesending.

Manchmal, da nenn ich ihn Schlimmer Joe,
Weil, sein Schwanz geht erst so
Und dann so –
Und dann so.
Und manchmal, da nenn ich ihn Schlimmer Jack,
Weil, sein Schwanz geht vom Po noch sooo lang weg.
Und manchmal, da nenn ich ihn Schlimmer Jim,
Weil ich weiß, er hört's gern, sag ich Schlimmer zu ihm …

   Ach was, ich taufe ihn einfach Tim,
   Ich find ihn nämlich gar nicht schlimm.

DAS HÜNDCHEN UND ICH

Ich ging mal spazieren, da traf ich 'nen alten
Mann, und wir haben uns unterhalten,
Der Mann und ich.
»Wohin des Wegs, du Mann?«, wollt ich wissen
  (Frag ich im Vorbeigehn, was man halt so spricht).
»Ins Dorf«, sagt er, »werd Brot kaufen müssen.
  Willst du mitkommen, Kleiner?« »Nein, will ich nicht.«

Ich ging mal spazieren, da traf ich 'nen alten
Gaul, und wir haben uns unterhalten,
Der Gaul und ich.
»Wohin des Wegs, du Gaul, heute Morgen?«
  (Frag ich im Vorbeigehn, was man halt so spricht.)
»Ins Dorf«, sagt er, »hab Heu zu besorgen.
  Willst du mitkommen, Kleiner?« »Nein, will ich nicht.«

Ich ging mal spazieren, da traf ich 'ne alte
Frau, und – richtig – ich unterhalte
Mich mit der Frau.
»Wohin des Wegs, Frau, so früh am Tag?«
    (Frag ich im Vorbeigehn, was man halt so spricht.)
»Ins Dorf, ich brauch Gerste«, erwidert sie. »Sag,
    Willst du mitkommen, Kleiner?« »Nein, will ich nicht.«

Kaninchen traf ich, die am Wegesrand spielten.
Ihr ahnt schon, dass wir uns unterhielten,
Die Kaninchen und ich.
»Wohin des Wegs, ihr bepelzten Gesellen?«
    (Frag ich im Vorbeigehn, was man halt so spricht.)
»Ins Dorf, denn wir müssen noch Hafer bestellen.
    Willst du mitkommen, Kleiner?« »Nein, will ich nicht.«

Ich ging mal spazieren, da traf ich ein Hündchen.
Wir unterhielten uns ein paar Sekündchen,
Das Hündchen und ich.
»Wohin des Wegs hier im Sonnenschein?«
   (Frag ich im Vorbeigehn, was man halt so spricht.)
»In die Berge, rumtollen und lustig sein.«
»Mit dir geh ich mit, Hündchen«, sagte ich schlicht.

FUNKELFÜSSCHEN

Wenn die Sonne
Scheint durch die Blätter vom Apfelbaum,
Wenn die Sonne
Schatten macht aus den Blättern vom Apfelbaum,
Geh ich, tapp, tapp, tapp,
Im Grase auf und ab.
Geh von einem Blatt zum andern,
Muss von Blatt zu Blättchen wandern,
Tapp, tapp, tapp!
Ich gehe auf und ab!

DIE VIER FREUNDE

Ernest war ein Elefant, ein Prachtstück seiner Art,
   Leo war ein Löwe, und sein Schwanz ging um die Ecke,
Georgie war ein Ziegenbock mit einem gelben Bart,
     Und James war eine ganz, ganz kleine Schnecke.

Leo hatte einen Käfig mit starken Eisenstäben,
   Ernest gar ein ganzes Haus mit furchtbar dicken Mauern,
Georgie ging in einen Stall, ich glaub, das ging daneben.
     Und James ließ man auf einem Stein versauern.

Ernest, der trompetet los, bis sein Haus in Trümmern war,
   Leo brüllt, so laut er kann, bis sein Käfig war zerstört,
James, der stöhnte ganz erschrocken, das hieß: Schnecke in Gefahr!
    Sein Pech war, es hat keiner hingehört.

Ernest, der trompetet weiter und rumort nicht gerade leise,
   Leo brüllt und tritt sich auf den Schwanz mit seinem Bein,
James nimmt Georgies Kompass und begibt sich auf die Reise
    Und kommt auch glatt ans Ende von dem Stein.

Ernest war ein Elefant, der stets das Beste wollte,
   Leo, als sein Schwanz geheilt, war löwenstark, ein Recke,
Georgie war ein Ziegenbock, wie jeder wissen sollte,
    Der James jedoch war bloß 'ne kleine Schnecke.

STRICHE UND KAROS

Wenn ich in London durch die Straßen lauf,
Dann pass ich gut auf meine Füße auf
   Und trete immer nur auf die Karos,
    Die bösen Bären warten nämlich bloß,
Bis einer kommt und hat vergessen:
Wer auf'n Strich tritt, wird gefressen!
   Schaut her, ihr Bären, dick und groß,
    Ich trete bloß auf die Karos!
Ich trete niemals nich auf einen Strich!

Und die Kleinbären brummen: »Denn fresse ich,
Wenn er einmal so dumm ist und tritt auf'n Strich.«
Und die größeren Bären stehen draußen vorm Garten,
Als würden sie nur einen Freund dort erwarten.
Die tun so, als interessierten sie sich
Nicht für die Karos und nicht für den Strich.
Doch wer das glaubt, ist bestimmt nicht ganz fit,
Denn es ist sehr, sehr wichtig, wohin jemand tritt.
Und um die Bären zu ärgern, ruf ich:
»Ich tret bloß auf die Karos und nie auf'n Strich!«

DER GNOM

Ich hab so 'nen riesigen Vorhang im Zimmer,
    Und dahinter, da wohnt wer, ich weiß bloß nicht wer;
Ein Gnom oder so was, ich hab keinen Schimmer.
    (Und die Nanny, die weiß es auch nicht so sehr.)

Ich guck, und weg ist er mit siebzig Sachen –
    So 'n Gnom, das ist nämlich das reinste Phantom.
Der hat Hummeln im Hintern, da ist nichts zu machen.
    (Die Nanny sagt auch, der hat Hummeln, so 'n Gnom.)

FREIHEIT

Ich kann nicht, ich kann nicht, ich kann das nicht haben,
    Dieses ewige »Kleiner, pass auf!«
Ich kann nicht, ich kann nicht, ich kann das nicht haben,
    Dieses ewige »Kleiner, fass an!«
Ich kann nicht, ich kann nicht, ich kann das nicht haben,
    Dieses ewige »Nein! Nicht da rauf!«
Die solln das, die solln das, die solln das nicht sagen,
    Weil uns keiner von denen verstehen kann.

KINDERZIMMERSTÜHLE

Ein Stuhl in meinem Zimmer ist Südamerika,
Ein andrer ist ein Schiff auf See, ein riesiger Ozean-Liner,
Einer ist ein Käfig für 'nen ganz, ganz großen Löwen.
Und einer ist meiner.

Der Erste Stuhl

Fahr ich den Amazonas rauf bei Nacht,
Schieß ich mit meiner Flinte, dass es kracht,
    Und damit ruf ich all meine Getreuen.
Dann kommen lautlos aus dem Wald herbei
Die Indianer, immer zwei und zwei,
    Weil sie sich richtig auf mich freuen.
Und wenn ich mal nicht spielen mag
Mit Indianern einen Tag,
    Dann wink ich bloß, und gleich verstreuen
Sie sich, eh ich ein Wörtchen sag,
    Denn die verstehn mich immer.

Der Zweite Stuhl

    Ich bin ein riesengroßer Löwe im Käfig,
        Und mein Gebrüll jagt oft der Nanny riesig Angst ein.
           Doch hinterher drück ich sie ganz, ganz doll
           Und sag ihr, dass sie sich nicht fürchten soll,
        Und gleich ist ihre Angst nur noch ganz klein.

Der Dritte Stuhl

 Wie ich so auf meinem Schiff steh und mich freu,
  Kommen lauter andere Schiffe vorbei.
 Ein Seemann guckt rüber und ruft Ahoi,
  Als sein mächtiger Schoner segelt vorbei.
 Übers ganze weite Meer ruft er Ahoi,
  Und der Wind trägt herüber den lustigen Schrei:
 »Geht's hier lang einmal rundrum um die Welt?«,
  Schreit er rüber und segelt vorbei.

Der Vierte Stuhl

Sitz ich ganz alleine im Lehnstuhl, ich Kleiner,
    Und mampfe mein Frühstück allein vor mich hin,
Dann denk ich mir immer, der Lehnstuhl ist meiner
    Und dass ich eins von drei Kindern bin.

Soll ich nach Südamerika fahren?
    Oder der Seefahrt verschreiben mich?
Brüll ich im Käfig als Löwe und Tiger
Oder bleibe ich einfach bloß ich?

NARZISSILISSI

Sie trägt den gelben Sonnenhut,
   Sie trägt ihr grünstes Kleid,
Sie dreht sich mit dem Südwind keck
   Und knickst die ganze Zeit.
Sie reckt ihr gelbes Köpfchen hoch
   Ins Sonnenlicht und nickt beflissen.
Sie flüstert der Frau Nachbar zu:
   »Nun hat der Winter sterben müssen.«

UNGEHORSAM

James James
Morrison Morrison
Weatherby George Duprier
Hatte stets gern
Zur Hand seine Mutter.
Er war ja noch nicht mal ganz vier.
James James
sprach zu seiner Mutter:
»Ich erklär's dir jetzt mal Schritt für Schritt:
Du darfst niemals gehn bis ans Ende der Stadt!
Es sei denn, du nimmst mich mit.«

James James
Morrisons Mutter
Zog an das goldene Kleid, das sie hat.
James James
Morrisons Mutter
Fuhr mit der Droschke ans Ende der Stadt.

James James
Morrisons Mutter
Sagt' sich: »Ich sage mir,
Ich fahre jetzt glatt bis ans Ende der Stadt,
Und um vier bin ich längst wieder hier.«

König John
Ließ Zettel kleben:
»ENTLAUFEN – GESTOHLEN – VERIRRT!
JAMES JAMES
MORRISONS MUTTER
IST, SCHEINT'S, EIN WENIG VERWIRRT.
ZULETZT GESEHEN
BEIM ZIELLOSEN WANDERN,
GÄNZLICH ALLEIN UND OHNE DEN SOHN;
SIE WOLLTE DOCH GLATT BIS ANS ENDE DER STADT –
VIERZIG SCHLLING FINDERLOHN!«

James James
Morrison Morrison
(Auch Jimmy genannt dort und hier)
Sagt zu den Verwandten,
Den Onkeln und Tanten:
»Es lag ganz bestimmt nicht an mir.«
James James
Habe doch extra noch mit seiner Mutter gesprochen.
»Mutter«, sprach er, sprach er noch zu ihr,
»Du darfst niemals gehn bis ans Ende der Stadt!
Es sei denn, ich erlaube es dir.«

James James
Morrisons Mutter
Ist verschollen geblieben seither.
König John
Meint, das wär ein Malheur;
Der Prinz und die Königin denken wie er.
König John
(So berichtet man mir)
Sagte erst kürzlich zu einer der Wachen:
»Will irgendwer glatt bis ans Ende der Stadt, ich frag Sie,
    Was soll man da machen?«

(Und jetzt noch mal ganz leise)
J. J.
M. M.
W. G. Du P.
Hatte stets gern
z. H. seine M*****
Er war ja noch nicht einmal 4.
J. J.
sprach zu seiner M*****:
»Ich erklär's dir jetzt mal Sch**** für Sch****,
Du-darfst-niemals-gehn-bis-ans-Ende-der-Stadt-
    es-sei-denn-du-nimmst-MICH-mit.«

FRÜHLINGSMORGEN

Wo soll ich nur hingehn? Wo geh ich nur hin?
Zu den Trollblumen runter am Fluss – hat das Sinn?
Zu den Fichten da oben am Berghang? Ich bin
Mir nicht sicher. Nur weg hier, nur irgendwohin.

Wo soll ich nur hingehn? Der Himmel verhangen:
Die Wolkenbabys, die spielen dort Fangen.
Wo soll ich nur hingehn? Als schattiger Riese
Zieht grade ein Wolkenkind über die Wiese.

Wärst du eine Wolke da oben im Blauen,
Von wo aus die Wasser so luftblau ausschauen
Und sähst mich im Gras stehn, dann gucktest du hin
Und sprächst: »Ist der Himmel nicht heute sehr grün?«

Wo soll ich nur hingehn? Die Saatkrähen schrein:
»Wie irrsinnig lustig, am Leben zu sein.«
Wo soll ich nur hingehn? Die Tauben, die gurren:
»Wir müssen uns sputen, wir dürfen nicht murren.«

Wärst du so ein Vogel, der schwebt auf den Winden,
Mal angenommen, er kann welche finden,
Du sagtest den Winden: »Seid jetzt bitte nicht still,
Sondern bringt mich dahin, wo ich hinfliegen will.«

Wo soll ich nur hingehn? Wo geh ich nur hin?
Ach, immer entscheiden, doch wo liegt der Sinn?
Zu den Veilchen im Wald? Ach, ich weiß nicht, ich bin
Mir nicht sicher. Nur weg hier, nur irgendwohin.

DIE INSEL

Hätt ich ein Schiff,
Wollt ich mit meinem Schiff,
Wollt ich mit meinem Schiff
Fahren bis an die östlichsten Meeressäume,
Wo die donnernden Wogen ans Ufer krachen –
Das Grün frisst das Weiß auf mit gierigem Rachen –
Krawumm! Krawumm! Krawumm!
Wo im Sonnenschein glitzert der Sand.
Dort wollt ich ankern und ginge an Land
Und liefe hinauf den weißen Strand

Und kletterte auf die Bäume,
Auf die sechs dunklen Bäume,
Die Kokosnussbäume, so grün und ganz hoch,
Mit Händen und Füßen. Ich träume,
Ich steig auf die Kokosnussbäume.
Die Wange am Fels, und ich kann mich grad noch
So halten; es poltern die Steine,
Mir schmerzen die Beine.
Dann 'ne ganz steile Stelle
Und 'ne ganz tiefe Delle,
Und ich klettere weiter, flink und gewandt …

Auf dem Gipfel dann werd ich mich ausruhen müssen
Und stütze das Kinn in die Hand und schaue
Und schaue hinab auf den sonnigen Strand,
Wo die grünlichen Wellen lecken den Sand,
Und schau in die Ferne, die dunstige, blaue …

Und wenn ich dann so auf das Wasser schaue, denk ich mir:
»Ach ja,
Ich bin ganz allein auf der weiten Welt, und die Welt ist nur
für mich da.«

DIE DREI FÜCHSE

Es lebten einst drei Füchslein klein, so rot wie rote Röschen,
Besaßen weder Strümpf noch Schuh und, nein, auch keine
                                                    Höschen,
Doch Taschentücher hatten sie, um artig sich zu schneuzchen,
Und jedes trug sein Taschentuch bei sich in einem Döschen.

Sie wohnten ganz, ganz tief im Wald, jedes in seinem Häuschen,
Sie hatten keine Mäntelchen und, nein, auch keine Läuschen,
So liefen sie im Wald herum mit ihren nackten Füßchen
Und spielten immer »Fang mich doch« mit ein paar kecken
                                                    Mäuschen.

Und warn sie hungrig, kauften sie nicht Butter, Brot und
                                        Nüsschen;
Sie jagten sich ihr Essen selbst: im Wald und auch im Flüsschen,
Sie gingen angeln, fingen – schwupp – drei nette kleine
                                        Würmchen,
Und auf der Jagd erlegten sie drei Wepsen mit null Schüsschen.

Zur Kirmes gingen sie einmal, bekamen alle Preischen,
Gewannen auch drei Plumpuddings und dreimal
                                    Himbeereischen,
Auf Elefanten ritten sie und fuhren Karussellchen,
Und jedes kriegt 'ne Kokosnuss beim Kokosnussaufbeißchen.

Mehr weiß ich von den Füchslein nicht. Sie waren rot wie
                                    Röschen,
Und jedes trug sein Taschentuch bei sich in einem Döschen,
Sie wohnten ganz, ganz tief im Wald, jedes in seinem Häuschen,
Und hatten keine Mäntelchen und, nein, auch keine Läuschen,
Besaßen weder Strumpf noch Schuh und, nein, auch keine
                                    Höschen.

HÖFLICHKEIT

Wenn man mich fragt,
Dann sage ich immer:
»Ganz recht, vielen Dank, ach, wie mich das freut.«
Wenn man mich fragt,
Dann sage ich immer:
»Ganz recht, vielen Dank, und wie geht's Ihnen heut?«
Ich antworte immer,
Wenn man mich was fragt,
Bin die Höflichkeit selber …
DOCH MITUNTER

denk ich so bei mir,

ihr könnt mich mal gerne haben.

JONATHAN JO

Jonathan Jo
Hat 'n Mund wie ein »O«
Und 'ne Karre voll Krimskrams die Menge.
Sag, du brauchst einen Bart
Oder was in der Art,
Er hat Bärte in jeglicher Länge.

Oder willst du 'nen Ball?
Kein Problem, ganz egal;
Und je mehr du verlangst, desto besser –
Einen Reif, der sich dreht,
Eine Uhr, die nie steht,
Einen Terrier, ein blitzendes Messer.

Jonathan Jo
Hat'n Mund wie ein »O«,
Aber was mir am meisten gefällt, ist:
Für ein Lächeln gibt er
Dir das alles und mehr,
Weil bei ihm alles ganz ohne Geld ist!

IM ZOO

Da gibt's Löwen und brüllende Tiger und Kamele von
sonst woher
Und Biffalo-Buffalo-Bisons und 'n großen geflügelten Bär,
Und 'n klitzekleines Fallross und 'n winziges Nasshorn und so,
Aber *ich* hab den Elefanten gefüttert letzten Sonntag im Zoo.

Da gibt's Dachse und Dichse und Dochse und sogar ein
Direkt-Ohr-Haus
Und massenhaft Ziegen, 'n Eisbär und mehrere Sorten von Maus,
Und dann gibt's da, glaub ich, noch so ein Tier, das heißt
Wallaboo oder so –
Aber *ich* hab den Elefanten gefüttert letzten Sonntag im Zoo.

Mit dem Bison kann man richtig reden, nur versteht er's nicht,
was man ihm erzählt,
Und dem Mingo kann man Pfötchen geben, was dem Mingo
jedoch nicht gefällt.
Und die Löwen und brüllenden Tiger sagen selten: »Hallihallo.«
Aber *ich* hab den Elefanten gefüttert letzten Sonntag im Zoo.

MILCHREIS

Was ist denn bloß mit Mary Jane los?
Sie schreit, will nichts essen, ist puterrot.
Und dabei gibt's doch wieder Milchreis – Milchreis zum
Abendbrot –
Was ist denn bloß mit Mary Jane los?

Was ist denn bloß mit Mary Jane los?
Ich versprech ihr 'ne Puppe, 'nen Ball, ein Gedicht
Und ein Buch über Tiere – doch das hilft alles nicht.
Was ist denn bloß mit Mary Jane los?

Was ist denn bloß mit Mary Jane los?
Sie ist kerngesund, ihr tut nirgends was weh;
Und doch schreit wie am Spieß sie – oje oje! –
Was ist denn bloß mit Mary Jane los?

Was ist denn bloß mit Mary Jane los?
Ich versprech ihr, dass sie ganz bald Eisenbahn fährt,
Ich frag, was sie hat und warum sie so plärrt –
Was ist denn bloß mit Mary Jane los?

Was ist denn bloß mit Mary Jane los?
Sie ist kerngesund, ihr tut nirgends was weh,
Und zum Abendbrot gibt's wieder Milchreis, juchhe! –
Was ist denn bloß mit Mary Jane los?

FRÜHSTÜCK BEI KÖNIGS

Herr König fragt
Frau Königin,
Frau Königin fragt das Milchmädchen:
»Wär wohl ein Kleckschen Butter da
Für Majestät sein Butterbrot?«
So fragte die Frau Königin
Das Milchmädchen,
Das Milchmädchen
Sprach: »Ei, gewiss,
Ich lauf und sag's
Der Kuh
Im Nu,
Eh sie zu Bette geht.«

Das Milchmädchen
Macht' einen Knicks

Und lief und sprach
Zur bunten Kuh:
»Vergiss mir ja die Butter nicht
Für Majestät sein Butterbrot.«

Die bunte Kuh
Sprach gähnend: »Pah!
Sag Majestät 'n schönen Gruß,
Und dass die meisten Leute heute
Viel lieber Marmelade tun
Statt Butter auf ihr Brot.«

Das Milchmädchen
Sprach: »Denk mal an!«
Und ging zu der
Frau Königin
Und machte einen tiefen Knicks
Und wurde gar ein bisschen rot
Und sprach: »Pardon, Frau Königin,
Verzeihung, wissen Sie denn nicht,
Wie lecker Marmelade schmeckt,
Tut man sie sich
Nur dick genug
Statt Butter rauf aufs Brot?«

Frau Königin sprach:
»So?!«
Und ging
Zu dem Herrn König hin:
»Ach ja, betreffs der Butter, du,
Für Majestät sein Butterbrot,
Die meisten Leute
Nehmen heute
Statt Butter
Marmelade.
Probier mal Marmelade, rot,
Statt Butter auf dein Brot.«

Herr König sprach:
»Schieb ab!«
Dann jammert er:
»Ojemine!«
Der König schluchzt': »Ojemine!«
Und ging zurück ins Bett.
Er lamentierte:
»Ei potz Blitz,
Ich bin, weiß Gott,
Kein Mäkelfritz;
Ich will doch bloß
'n winzigen
Klecks Butter für
mein Butterbrot!«

Frau Königin sprach:
»Gemach, gemach!«
Und ging zu dem
Milchmädchen hin.
Auch das Milchmädchen sprach:
»Gemach, gemach!«
Und lief gleich in den Stall.
Und auch die Kuh, die sprach:
»Gemach, gemach!
Das war doch bloß
Ein Scherz;
Hier – Milch für seinen Suppennapf
Und Butter für sein Brot.«

Frau Königin nahm
Die Butter
Und ging zu
Seiner Majestät;
Herr König sprach:
»Was, Butter da?«
Und hüpfte aus dem Bett.
Er sagte: »Ei potz Blitz!«
Und gab ihr einen dicken Kuss
Und sagte: »Ei potz Blitz!«
Und rutschte munter
Das Treppengeländer runter
Und rief noch einmal:
»Ei potz Blitz!
Mein Schnuckelchen,
Ich bin, weiß Gott, kein Mäkelfritz –
ABER
Ich mag nun mal so 'n kleines Kleckschen Butter auf meinem
    Butterbrot.«

KEIN RICHTIGES HAUS

Ich komm in ein Haus, und das ist gar kein Haus,
   Die Treppe ganz breit und die Halle ganz weit;
Doch was fehlt, ist ein Garten,
      Ein Garten,
      Ein Garten.
   Das ist doch kein richtiges Haus, tut mir leid.

Ich komm in ein Haus, und das ist gar kein Haus,
   Der Garten ganz groß und die Mauer ganz lang;
Doch was fehlt, ist ein Maibaum,
      Ein Maibaum,
      Ein Maibaum.
   Das ist doch kein richtiges Haus, besten Dank.

Ich komm in ein Haus, und das ist gar kein Haus,
 Vom Maibaum schneeweiß die Blüten schnein;
Doch was fehlt, ist die Amsel,
  Die Amsel,
  Die Amsel.
 Das ist doch kein richtiges Haus hier, nein, nein.

Ich komm in ein Haus und denk, *das* ist ein Haus,
 Im Maibaum singt die Amsel ihr Lied …
Doch kein Mensch ist da und hört zu.
  Kein Mensch,
  Der sich freut.
 Kein Mensch, der sich freut, dass so was geschieht.

SOMMERNACHMITTAG

Sechs braune Kühe gehn zum See und wollen saufen
  (Und all die kleinen Fische machen Blubber-Blubber-Blupp).
Platsch, da ist die erste Kuh ins Wasser schon gelaufen,
  Die andern fünf, die folgen ihr und wedeln mit dem
                                        Schwanz ...
Zwölf braune Kühe stehen saufend und verblufft
  (Und all die kleinen Fische machen Wabber-Wabber-Wupp) –
Sechse aus dem Wasser und sechse aus der Luft.
Und blauschwarz segelt überm See ein Schwälbchen wie im
                                        Tanz.

DER BILCH UND DER DOKTOR

Es schlief einmal ein Bilch in einem Beet (wie tot)
Von Rittersporn (so blau) und Geranien (rosarot);
Und als er aufwacht, unser Bilch, sah hinter sich und vorn
Er nur Geranien (rosarot) und blauen Rittersporn.

Der Doktor kam gerannt. Er rief: »Das tut mir leid,
Herr Bilch, das Ihr heut bett-, äh, beetlägerig seid.
Sagt ›A‹, ich horch Euch ab, geb Euch etwas einzunehmen.
Die beste Medizin, find ich, sind Chrysanthemen!«

Der Bilch sagt artig »A« und sah im Beet sich um;
Dann sprach zum Doktor er: »Nun glaubt nicht, ich war dumm,
Doch ich zieh allemal, bedenk ich es genau,
rosarote Geranien vor und Rittersporn (so blau).«

Der Doktor schüttelt heftig den Kopf und sagt hierauf,
Indes er zum Zylinder greift und setzt ihn wieder auf:
»Ihr braucht Tapetenwechsel, das will ich nicht verbrämen.«
Sprach's und brach auf nach Kent zu seinen Chrysanthemen.

Der Bilch lag ratlos da, ihm war ein bisschen flau.
Er sah die Geranien (rosarot), den Rittersporn (so blau),
Und plötzlich war ihm klar, er wäre lieber tot
Als ohne blauen Rittersporn und Geranien (rosarot).

Da kam der Doktor wieder und brachte dem Patient
Ein Büschel Chrysanthemen, eigens geholt aus Kent.
»Die machen doch wahrhaftig mehr her«, so sprach er schlau,
»Als Eure Geranien (rosarot) und Rittersporn (so blau).«

Sie nahmen ihre Spaten und gruben ohne Not
Ihn aus, den blauen Rittersporn, die Geranien (rosarot),
Und pflanzten Chrysanthemen (teils gelb, teils weiß, sehr rund).
»Nun seid Ihr«, sprach der Doktor, »gewiss im Nu gesund.«

Bald packt den Bilch die Reue, er guckt, dann sagt er sich:
»Mag sein, dass alle andern viel klüger sind als ich,
Doch ich hab nun einmal, bedenk ich es genau,
Am liebsten Geranien (rosarot) und Rittersporn (so blau).«

Da kam der Doktor wieder und fragte, wie's ihm geht.
Er sprach: »Was Ihr jetzt nötig habt, sind Ruhe und Diät.«
»Die Chrysanthemen«, sprach er, »die machen wirklich Staat.«
Derweil das Thermometer er runterschütteln tat.

Der Bilch dreht sich zur Seite. So musst er sie nicht sehn,
Die vielen Chrysanthemen (so gelb, so weiß, so schön).
»Ach, hätt ich doch bloß wieder«, dacht er in seiner Not,
»Den alten Rittersporn (so blau) und Geranien (rosarot).«

»Ein Rückfall!«, rief der Doktor. »O weh, da hilft nur Beten
Und Milch, und lasst Euch täglich dreimal den Rücken kneten.
Ihr solltet mal verreisen – mal richtig Urlaub nehmen.
Was habt Ihr doch«, sprach er im Gehn, »für tolle

Chrysanthemen!«

Der Bilch hielt mit den Pfoten sich beide Augen zu
Und dacht in seinem Kummer: »Das Beste ist, ich tu,
Als wärn die Chrysanthemen, denn diese sind mein Tod,
In Wahrheit blauer Rittersporn und Geranien (rosarot)!«

Bald kam der Doktor abermals und rieb sich froh die Hände.
Er sprach: »Da ist ja endlich die langersehnte Wende!
Solch hoffnungslose Fälle kurier nur ich allein!
Nein, diese Chrysanthemen – so frisch im Sonnenschein!«

Der Bilch lag glücklich da, die Augen fest geschlossen,
Sah nicht die Chrysanthemen an (die gelben, weißen, großen),
Er träumt, er wär umgeben – gleich war ihm nicht mehr flau –
Nur von Geranien (rosarot) und Rittersporn (so blau).

Das ist der Grund, dass sich der Bilch im Chrysanthemenbeet
So winzig klein zusammenrollt, dass ihr ihn fast nicht seht.
Und meine Tante Emmy sagt, die schlafen wie die Toten
Und halten sich die Augen ganz fest zu mit ihren Pfoten.

SAND-ZWISCHEN-DEN-ZEHEN

Ich ging mal hinunter ans tosende Meer,
Und Christopher Robin kam hinterher,
Die Nanny schenkte uns auf unsre Bitte
Je einen Sechser und sprach: »Ab durch die Mitte.«

Wir sind am Strand
und haben Sand in den Augen und Ohren und Sand im Haar
Und Sand in der Nase sogar,
Und vor allem Sand-zwischen-den-Zehen.
Es braucht bloß mal 'ne steife Brise zu wehen,
Und schon meint Christopher Robin, er hat
Sand-zwischen-den-Zehen.

Das Meer ist ganz außer Rand und Band,
Und Christopher Robin hält seinen Sechser fest in der Hand;
Wir kämpfen uns durch den rutschigen Sand –
Hand in Hand gehn Christopher Robin und ich am Strand.

Und haben Sand in den Augen und Ohren und Sand im Haar
Und Sand in der Nase sogar
Und vor allem Sand-zwischen-den-Zehen.
Es braucht bloß mal 'ne steife Brise zu wehen,
Und schon meint Christopher Robin, er hat
Sand-zwischen-den-Zehen.

Wir hören Donner und Sturmesbrausen,
Sehn am Himmel die kreischenden Möwen sausen,
Wir wollen was sagen und müssen schrein.
Kein Mensch weit und breit, wir sind ganz allein.

Dann kommen wir heim mit Sand im Haar
In Augen und Ohren, in der Nase sogar;
Es braucht bloß mal 'ne steife Brise zu wehen,
Und schon kann man es sehen:
Christopher Robin hat wirklich Sand-zwischen-den-Zehen.

RITTER UND DAMEN

In meinem alten Bilderbuch ist eine Seite drin,
Die schau ich immer gerne an, wenn ich in Stimmung bin.
Da reiten Ritter, edle Herrn, durch steile alte Gassen,
Und feine Damen vom Balkon ihr Tüchlein flattern lassen
Und winken ihnen huldvoll zu, oder sie ziehn mit Tücke,
Naht sich ein stolzer Reitersmann, rasch hoch ihre Zugbrücke.
So geht's in meinem Bilderbuch, ein Peitschenhieb, laut knallt er;
Doch heute gibt es das nicht mehr. Das war im Mittelalter.
Ich weiß, die Zeiten sind vorbei; egal – ich guck doch lieber
Für alle Fälle dann und wann einmal zum Berg hinüber,
Wo düster und in Zweierreihn vor grün und blauem Grunde
Die Tannenbäume paradiern. Ich gucke jede Stunde.
Vielleicht seh ich ja doch einmal 'nen Ritter stolz und kühn,
Der einfach aus dem Blauen kommt und reitet durch das Grün,
Genauso wie es früher war, mit seiner blanken Rüstung,
Und eine Dame, die ihm winkt, von ihrer hohen Brüstung.
Käm wirklich einer angeprescht, ich wär ganz hingerissen.
Ich weiß ja, Ritter gibt's nicht mehr. Egal – man kann nie wissen.

KLEIN GUCK-MAL-DA UND
KLEIN SCHAU-MAL-HIER

»Wo sind denn deine Schäfchen – na,
     Klein Guck-mal-da?
Wo sind denn deine Schäfchen – na,
     Guck-da?«
»Ach, die sind weg, Klein Schau-mal-hier,
Sind alle weggelaufen mir.«
»Das ist ja zum Verzweifeln schier,
     Klein Guck-mal-da!«

»Und wo sind *deine* Schäfchen – na,
     Klein Schau-mal-hier?
Was ist mit *deinen* Schäfchen – na,
     Schau-hier?«
»Ach, Guck-mal-da, all meine Schäfchen,
Sind ausgerückt beim Mittagsschläfchen.«
»Nein, so ein Pech! Beim Mittagsschläfchen,
     Klein Schau-mal-hier.«

»Was machst du nun,
        Klein Guck-mal-da?
Was willst du tun,
        Guck-da?«
»Zum Tee sind sie ja eh zurück,
Klein Schau-mal-hier, die sieben Stück.«
»Mit meinen hab ich nicht so 'n Glück,
        Klein Guck-mal-da.«

»Was machst du nun,
        Klein Schau-mal-hier?
Was willst du tun,
        Schau-hier?«
»Klein Guck-mal-da, ich werde tuten
Auf meinem Horn – sechzig Minuten.«
»Ist das denn nicht zu viel des Guten,
        Klein Schau-mal-hier?«

»Wen willst du denn zum Bräutigam,
     Klein Guck-mal-da?
Wen willst du denn zum Bräutigam,
     Guck-da?«
»Zum Bräutigam, da nähm ich mir
Am liebsten dich, Klein-Schau-mal-hier.«
»Au ja, au fein, das machen wir,
     Klein Guck-mal-da.«

»Wo wollen wir denn wohnen,
     Klein Schau-mal-hier?
Wo wollen wir denn wohnen,
     Schau-hier?«
»Na, auf dem Hügel, Guck-mal-da,
Dort bei den Schäfchen, ist doch klar.«
»Und liebst du mich auch immerdar,
     Klein Schau-mal-hier?«

»Ich lieb dich immer-ewiglich,
     Klein Guck-mal-da.
Ich lieb dich immer-ewiglich,
     Guck-da.«
»Klein Schau-mal-hier, Klein Schau-mal-hier,
Komm her und sei ganz nah bei mir.«
»Ich bleib mein Leben lang bei dir,
     Klein Guck-mal-da.«

DER SPIEGEL

Nachmittag ist's im Wald, die Welt
In eine goldne Ohnmacht fällt,
Der See, er glänzt im Sonnenlicht,
Und auch das Wasser rührt sich nicht,
    Und leis verneigt sich Baum um Baum.
Da seh ich einen weißen Schwan,
Und der macht einen zweiten Schwan;
Und Brust mit Brust verwachsen sind
Die zwei, da kommt ein lauer Wind;
    Das Wasser regt sich wie im Traum.

AUF HALBER TREPPE

Auf halber Treppe
Gibt's eine Stufe,
Da sitze ich.
Und es gibt keine zweite,
Ob in Höhe oder Breite
Oder ob sonst von einer Seite,
Die meiner glich.
Ich sitz weder oben am Treppenabsatz,
Noch sitze ich unten, dort ist nicht mein Platz.
Ich sitz auf der Stufe,
Auf die ich mich
Schon immer gesetzt,
Genau wie jetzt.

Auf halber Treppe
Ist nicht oben
Und nicht unten;
Das ist nicht im Kinderzimmer
Und nicht in den Straßen, den bunten.
Da fallen mir dann immer
Ganz komische Sachen ein:
»Hier ist nicht irgendwo!«
Denk ich mir so,
»Hier, das muss irgendwo anders
sein!«

DIE EINDRINGLINGE

Die gelben Primeln stehn im Wald
Mal hier, mal da, wie hingemalt,
Und weiße Anemonen seh
Ich schimmern wie verwehten Schnee;
Das Veilchen war von kurzer Dauer,
Die Glockenblumen um so blauer.

Den Pfad entlang, den weich-verträumten,
Von Primeln beiderseits gesäumten,
Und zwischen deren Schatten und
Der Sonne kommen, kunterbunt,
Die Kühe, atmen Morgenluft,
Erfüllen mit noch süßrem Duft
Den stillen Wald, den schönen Ort.
So gehn sie ihrer Wege dort
In einer Reihe … und sind fort.

Ganz still und lautlos liegt der Wald
Und scheint zu warten, dass erschallt
Der Ruf der Amsel, die schon jetzt
Im Baum den gelben Schnabel wetzt.
Verkündet sie von ihrem Thron
Das Ende jener Prozession,
Ertönt im Walde weit und breit
Ein Loblied auf die Maienzeit.

VOR DEM TEE

Emmy-Helen
Ward nicht mehr gesehn
Seit fast einer Woche. Sie verschwand früh um zehn
Zwischen den Bäumen, die am Wiesenrain stehn …
Wir suchten sie alle, die Emmy-Helen.

Emmy-Helen,
Das musst du verstehen –
Ich sagte doch bloß: »Wasch die Hände dir schön.«
Ich war bei den Bäumen, die am Wiesenrain stehn …
Doch Emmy-Helen
War nicht zu sehn.

Emmy-Helen,
Plötzlich war sie zu sehn
Zwischen zwei hohen Bäumen, die am Wiesenrain stehn.
Wir rannten gleich hin. »Hallo, Emmy-Helen!
Wo hast du gesteckt? Du warst nicht zu sehn!
Wo hast du gesteckt? Du warst nicht zu sehn
Fast eine Woche!« Emmy-Helen
Sprach: »Ihr Dummen, ich musste zur Königin gehn,
Und die sagt, meine Hände sind gaans, gaans sauper und
schön.«

TEDDY BÄR

Ein Bär, ich gebe euch mein Wort,
Wird fett, treibt er nicht manchmal Sport.
Bär Teddy, der ist dick und klein,
Und das ist auch kein Wunder, nein:
Sein einziger Sport ist auf der Welt,
Dass von der Couch er manchmal fällt,
Doch fehlt ihm meist die Energie,
Von neuem zu erklimmen sie.

Fettsein ist was, was keinem frommt
Und wo man leicht ins Grübeln kommt.
Und Teddy fragt sich vehement:
»Wieso bin ich so korpulent?«
Er denkt: »Ach, wär ich doch bloß dünn!
Nur, wie kommt man zum Dünnsein hin?
Sport, frische Luft, das ist nicht fair!
Und so was mir, dem Teddy Bär!«

Vergebens drückt er sich die Nase
Für Wochen platt am Fensterglase,
Beneidet die, die dort spazieren,
Um ihr Gewicht zu reduzieren.
»Nicht einer, den ich da erblicke«,
Sagt er sich, »ist so fett wie icke!«
Dann seufzt er leis, doch jämmerlich
Und sagt: »Ich mein, so fett wie ich.«

Der Teddy, wie sollt's anders sein,
Schlief auf der Couch, doch nicht allein;
Es drängten sich, gleich nebenan,
Mehr Tiere, als ich zählen kann,
Nebst Büchern, Krimskrams und den Dingen,
Die einem die Verwandten bringen –
So Märchen mit »Es war einmal«
Und Verse über Hannibal.

Und eines Nachts, ihr kommt nicht drauf,
Schlägt Teddy eins der Bücher auf,
Worin er, wie das so geschieht,
Ein Bild von Frankreichs König sieht
(Ein dicker Mann), und unterm Bilde
Steht: »Ludwig der soundsovielte,
Genannt ›Der Schöne‹!« Majestät
Sitzt da und ist … *unheimlich fett!*

Wie freute unsern Teddy das,
Als er von diesem König las:
»Der Schöne« – ehrlich, Majestät
Sitzt da und ist unheimlich fett.
»Der Schöne« – pah!, ein starkes Stück,
Der Mann war wie ein Fass so dick.
Da hätt man ja genauso können
Den dicken Bär den »Schönen« nennen!

»Hätt können?« … oder »konnt« vielleicht?
Vor langer Zeit? Den Bär beschleicht
Ein leiser Zweifel endlich doch:
»Lebt dieser Schöne Ludwig noch?
Das, was als schön gilt, ändert sich
Bekanntermaßen wöchentlich.
Sollt Ludwig noch am Leben sein?
Verflixt, es fällt mir grad nicht ein.«

Frühmorgens dann (wie stets die Nase
Sich drückend platt am Fensterglase),
Denkt er erneut: »Schockschwerenot,
Lebt Ludwig, oder ist er tot?«
So grübelt er, auf einmal geht
Das Fenster, das halb offen steht,
Weit auf, und mit verdutztem »Oh!«
Fällt Teddy raus und auf den Po.

Per Zufall kommt in dem Moment
Ein Mann, der ist selbst korpulent
Und muss andauernd zwinkern, doch
Er hilft dem Teddy wieder hoch
Und tröstet ihn und macht ihm Mut:
»Na, na, das wird bald wieder gut.«
»Ein böser Sturz!« »Oje, oje!«
»Ich hoff, es tut nicht allzu weh.«

Der Teddy aber schweigt verstört.
Man weiß nicht mal, ob er ihn hört.
Er guckt und guckt und denkt sich: »Huch,
ist das nicht der aus diesem Buch!
Ist das der ›schöne‹ König nicht,
Der Fettwanst, der da mit mir spricht?
Quatsch«, denkt er, um sich dann zu sagen:
»Was soll's? Ich kann ihn ja mal fragen.«

»Verzeihung, seid Ihr«, fragt er dann,
»König von Frankreich, guter Mann?«
»Der bin ich«, jener sagen tut,
Verbeugt sich steif und lüpft den Hut;
»Und Ihr«, versetzt nun artig er,
»Seid sicher Mister Edward Bär?«
Und Teddy drauf mit fotogener
Verbeugung höflich: »Eben jener!«

Sie bleiben noch ein Weilchen dort
Und wechseln dies und jenes Wort,
Der Teddy und die Majestät,
Schön, wenn auch freilich etwas fett.
Bis Majestät sagt: »Ich muss weiter.
Adieu, und bleibt mir nur recht heiter.
Viel Glück, mein Freund«, bemerkt er trocken
Und macht sich fröhlich auf die Socken.

Ein Bär, ich gebe euch mein Wort,
Wird fett, treibt er nicht manchmal Sport.
Bär Teddy, der ist dick und klein,
Und das ist auch kein Wunder, nein:
Doch glaubt ihr nun, es macht ihn krank,
Zu wissen, er ist nicht grad schlank?
Im Gegenteil. Er sagt: »Was soll's?
Ich bin auf meinen Schmerbauch stolz!«

MODETORHEIT

Ein Löwe, der hat einen Schwanz, schön lang und elegant,
Und ebenso der Walfisch und der dicke Elefant.
Und ebenso das Krokodil und auch der Alk am Strand –
 Alle haben einen. Nur ich hab keinen.

Ach, hätt ich einen Sechser, sollt bald ein Schwanz mich zieren,
Dann ging ich in den Laden, tät einen anprobieren,
Und nähm ich ihn, dann wollt ich ihn auch sicher nicht verlieren.
 Ja, hätt ich endlich einen, ich gäb gut acht auf meinen.

Dann spräch ich zu dem Löwen: »Dein Schwanz ist elegant.
Genau wie der vom Walfisch und vom dicken Elefant.
Genau wie der vom Krokodil und der vom Alk am Strand.
 Und schau mal hier, ist meiner nicht grad so schön wie deiner?«

DER ALCHIMIST

Die Straße rauf, da wohnt ein Greis,
Der hat einen Bart, ganz lang und schlohweiß.
Ihn mal zu besuchen, das wünsch ich mir heiß.
   Ich wüsste nämlich gerne, was der Alte da so treibt;
Denn er hat eine Katze, und auf die redet er ein,
Er fragt sie, erklärt ihr, ist immer allein,
Und nachts setzt er auf seinen Hut »Schlaf-nicht-ein«*
   Und steht nur am Schreibpult und schreibt.

Er tüftelt sein Leben lang (wohl hundert Jahr und mehr)
An einem Zauberspruch, der heißt: »Schau hin, schau hoch,
                        schau her.
Dein Feuerhaken sei aus Gold!« Und eitel Gold ist er.
   (Geht auch mit einer Kohlenzange oder mit 'ner
                    Gardinenstange.)
Doch kam die Sache, wie es scheint, noch nicht so recht in Fluss.
Vielleicht ist die Tinktur auch falsch, die man draufgießen muss,
Drum tüftelt er nun Nacht für Nacht und hofft, er kommt
                    zum Schluss.
   Ach, bis er weiß, wie's richtig geht, braucht er bestimmt
                    noch lange.

* Damit er nicht einschläft.

GROSS WERDEN

Ich hab ein Paar Schuhe mit Senkeln für Große,
Ich habe sogar schon 'ne lange Hose,
Ich renn um die Wette. Auf Los geht es los – he!
    Wer geht mit mir raus vors Haus?

Ich hab Hosenträger an meiner Hose,
Und meine Schnürsenkel sind fest und nicht lose,
Ich hab einen Garten, da wächst eine Rose.
    Wer geht mit mir raus vors Haus?

Wach ich morgens auf und seh meine Hose,
Sag ich: »Gott sei Dank hab ich so 'ne große
Und Senkel, die lang sind und fest und nicht lose.«
    Wer geht mit mir raus vors Haus?

WENN ICH KÖNIG WÄR

Ich wünsch mir, dass ich König wär,
Dann wär mein Leben halb so schwer.

Wär ich der König von Norwegen,
Dann lief ich ohne Hut im Regen.

Wär ich der König der Türkei,
Äß vom Spinat ich nur das Ei.

Wär ich der König von Lothringen,
Tät ich in alle Pfützen springen.

Wär ich der König von Byzanz,
Dann ging ich jede Nacht zum Tanz.

Wenn ich der König wär von Jemen,
Tät ich mir nie die Haare kämmen.

Wär ich der König von den Flamen,
Gäb ich euch allen neue Namen.

Wenn ich der König wär von Polen,
Dann tät ich euch den A… versohlen.

Wär ich der König von Gleichviel,
Müsst jeder machen, was ich will.

BETEN

Ein kleiner Junge, goldgelockt, kniet an des Bettchens Ende,
Das Köpfchen legt er, wie sich's schickt, auf seine kleinen Hände.
Pst! Pst! Dass mir ja keiner kichert und lacht!
Christopher Robin betet zur Nacht.

Lieber Gott, beschütz die Mami. Richtig, so geht das.
Heute Abend durft ich baden. Ach, war das ein Spaß!
Das Kalte war ganz kalt; das Heiße ist ganz heiß gewesen.
Lieber Gott, beschütz den Papi – beinah hätte ich's vergessen.

Wenn ich meine Finger spreize und zur Türe schau,
Seh ich Nannys Morgenrock, sternenhimmelblau.
Statt Kapuze hat er einen Kragen, groß und rund.
Oh! *Lieber Gott, beschütz die Nanny und mach sie bald gesund.*

Meiner hat eine Kapuze, und bevor ich schlaf,
Zieh ich mir meine Kapuze übern Kopf, ganz straff.
Dann mach ich die Augen zu und roll mich ein, ganz klein,
So dass mich keiner sehen kann, und dann schlaf ich ein.

Ach, richtig: *Danke, lieber Gott, für diesen schönen Tag.*
Und wie ging noch mal das andre, was ich immer sag?
Beschütz den Papi war schon dran, doch, doch, das hatte ich.
Ach, jetzt fällt's mir wieder ein: *Lieber Gott, beschütze mich.*

Ein kleiner Junge, goldgelockt, kniet an des Bettchens Ende,
Das Köpfchen legt er, wie sich's schickt, auf seine kleinen Hände.
Pst! Pst! Dass mir ja keiner kichert und lacht!
Christopher Robin betet zur Nacht.

Jetzt sind wir sechs

Für *Anne Darlington;*
nun ist sie sieben
und einfach funderbar

EINLEITUNG

Wenn Ihr ein Gedicht aufsagt, was unsereins natürlich niemals tut, dann hört Ihr mitunter, wenn Ihr anfangen wollt, dass Onkel John gerade noch zu Tante Rose sagt, wenn er seine Brille nicht findet, kann er nicht richtig zuhören, und ob sie denn nicht weiß, wo das gute Stück geblieben ist; und bis die anderen endlich aufhören, Onkel Johns Brille zu suchen, seid Ihr schon beim letzten Vers, und alle sagen: »Danke, danke«, und dabei haben sie überhaupt nicht mitgekriegt, worum es ging. Deshalb passt Ihr beim nächsten Mal besser auf und macht ganz laut »Ächä-ächä«, bevor Ihr anfangt, was so viel heißen soll wie »Jetzt geht's los«, und gleich hören die anderen auf, sich zu unterhalten, und sehen Euch an, und das wollt Ihr ja auch. Und so kommt es dann, dass Ihr Euch daran gewöhnt, jedes Mal »Ächä-ächä« zu machen, wenn man Euch bittet, ein Gedicht aufzusagen …, und mitunter ist das ganz egal, aber manchmal auch nicht …, und irgendwann stellt Ihr fest, dass Ihr es schon ohne nachzudenken macht. Also gut, das, was ich hier schreibe und was man Einleitung nennt, ist sozusagen das »Ächä-ächä« des Buches, und ich mache das einerseits, damit Ihr keinen Schreck bekommt, und andererseits, weil ich schon gar nicht mehr anders kann. Es gibt sehr, sehr kluge Schriftsteller, die meinen, es sei ganz einfach, ohne so ein »Ächä-ächä« auszukommen, ich aber bin anderer Meinung. Mir fiele es viel leichter, auf alles Übrige zu verzichten, was in so einem Buch drinsteht.

Was ich Euch in der Einleitung erklären möchte, ist folgendes: Wir haben fast drei Jahre an diesem Buch geschrieben. Angefangen haben wir, als wir noch ganz klein waren ..., und jetzt sind wir sechs. Deshalb finden wir manches inzwischen ziemlich kindisch, fast so, als ob es versehentlich aus einem ganz anderen Buch hier reingerutscht wäre. Auf Seite soundsoviel steht was, das richtig babyhaft ist, und wenn wir das heute so lesen, dann sagen wir »Junge, Junge« und blättern ganz schnell weiter. Wir möchten Euch also bloß daran erinnern, dass Ihr aus dem Titel dieses Buches nicht etwa schließen dürft, wir wären schon von Anfang an sechs gewesen. Nein, *jetzt* sind wir sechs und sagen uns, dass wir an diesem Punkt vielleicht erst mal aufhören sollten.

A. A. M.

P. S. Pu bittet uns, Euch noch mitzuteilen, dass er sich unter diesem Buch etwas ganz anderes vorgestellt hat; und er hofft, Ihr seid ihm nicht böse, aber als er es so durchgeblättert hat, um nach Freund Ferkel zu suchen, da hat er sich manchmal aus Versehen auf eine Seite draufgesetzt.

ALLEINE SEIN

Ich habe ein Häuschen, da geh ich hinein,
   Möcht ich mit mir alleine sein,
Ich habe ein Häuschen, da gehe ich hin,
   Weil ich da wirklich alleine bin;
Ich habe ein Häuschen, da geh ich hinein,
   Denn dort sagt keiner: »Das darfst du nicht, nein!«
Und dort redet mir auch nie einer rein,
   Weil, dort bin ich ganz für mich allein.

WEIHNACHTEN BEI KÖNIG JOHN

Der König John, der war nicht nett,
   Der hatte seine Tücken.
Drum ließ sich manchmal tagelang
   Auch keiner bei ihm blicken.
Wer aber, unterwegs zur Stadt,
   An ihm vorbeikam, ja,
Der sah ihn an mit scheelem Blick
Und warf voll Stolz den Kopf zurück –
Sogar der kleinste Domestik.
   Und König John, die Krone auf, stand ziemlich blöde da.

Der König John, der war nicht nett.
   Kein Mensch kam ihn besuchen,
Obwohl er jeden Nachmittag
   Tee bringen ließ und Kuchen.
Und wenn's Dezember war im Land,
   Warn nicht von seinen Lieben
Die Weihnachtskarten allemal.
Die Neujahrsgrüße ohne Zahl
Auf dem Kaminsims, sonst so kahl,
   Hat er sich selbst geschrieben.

Der König John, der war nicht nett,
   Und doch, an Niklaus denkt
Er stets, wenn er die Stiefel putzt,
   Dass ihm doch der was schenkt.
Und das, wo er seit Jahren nichts
   Bekam vom Nikolaus.
Wenn's erste Weihnachtslied verklang,
Schleicht er sich aus der Kirche bang,
Putzt seine Stiefel blitzeblank
   Und stellt den einen raus.

Der König John, der war nicht nett,
   Nur einsam – kein Vergnügen.
Drum dacht er sich 'ne Botschaft aus
   Und ist aufs Dach gestiegen.
Er schrieb ein Schild und lehnte es
   Dort an ein Schornsteineck:
»Es leuchte froh der Weihnachtsstern
Für alle Menschen, nah und fern!«
Und drunter nicht, wie sonst so gern,
   »Johannes Rex«, nur: »Jack.«

»Ich wünsch mir Pfefferkuchen;
     Auch Bonbons meinetwegen;
Selbst etwas Schokolade
     Käm mir nicht ungelegen:
Ich wünsch mir Apfelsinen,
     Mandeln und Zuckerringe
Und auch ein Taschenmesser
     Mit richtig scharfer Klinge.
Und, bitte, lieber Nikolaus, bring mir auf jeden Fall,
Hast du mich lieb, vor allem dies: einen knallroten Gummiball!«

Der König John, der war nicht nett –
     Nach diesem Abenteuer
Stieg er hinab von seinem Dach
     An einem Wasserspeier.
Dann lag die ganze Nacht er wach,
     Bang, hoffend und zerfahren.
»Ich denk, er kommt ganz sicher noch«
(Der Schweiß ihm aus den Poren kroch)
»Und schenkt mir was, das hoff ich doch,
     Zum ersten Mal seit Jahren.«

»Vergiss die Pfefferkuchen,
  Die Bonbons meinetwegen;
Sogar die Schokolade
  Käm völlig ungelegen;
Will weder Apfelsinen
  Noch Mandeln, Zuckerringe,
Hab schon ein Taschenmesser
  Mit leidlich scharfer Klinge.
Bloß, bitte, lieber Nikolaus, bring mir auf jeden Fall,
Hast du mich lieb, vor allem dies: einen knallroten Gummiball!«

Der König John, der war nicht nett –
  Und als der Tag begann
Und froh verkündete die Sonn:
  »Sankt Nikolaus bricht an«,
Und jeder seinen Stiefel nahm
  Und öffnete ihn neugierig
Und fand Geschenke ohne Zahl,
Bonbons und Spiele und manchmal
Auch Schokolade – welche Qual –,
  Da brummte König John bei sich: »Schon wieder nichts
                                           für mich!«

»Ich wollte Pfefferkuchen;
    Auch Bonbons meinetwegen;
Selbst etwas Schokolade
    War mir nicht ungelegen;
Ich wollte Apfelsinen,
    Mandeln und Zuckerringe.
Hab gar kein Taschenmesser,
    Keins mit 'ner scharfen Klinge.
Hättst du mich lieb, ach Nikolaus, dann hättest du auf jeden Fall
Mir diesen einen Wunsch erfüllt: einen knallroten Gummiball!«

Der König John am Fenster stand
    Und sah voll Ach und Weh
Die Kinder fröhlich spielen dort
    Im schönen weißen Schnee.
Und wie er so am Fenster stand,
    Neid in sein Herz sich stahl …
Da flog herein, ob ihr es glaubt …
Vorbei an dem gekrönten Haupt,
Und hüpft aufs Bette, dass es staubt,
    Ein dicker roter Gummiball!

ACH, LIEBER, GUTER NIKOLAUS,
    ICH DANK DIR TAUSENDMAL,
        DASS DU IHM DOCH NOCH HAST GEBRACHT
        DEN DICKEN, SCHICKEN
        KNALLROTEN
        GUMMI-
        BALL!

VIEL ZU TUN

Ich glaub, ich bin ein Milchmann. Nur dass die Bimmel fehlt.
Und ich verkauf auch keine Milch und krieg dafür kein Geld.

Vielleicht bin ich ein Briefträger. Ein Auto mit Benzin.
Ich komm mir etwas komisch vor. Ich weiß nicht, was ich bin.

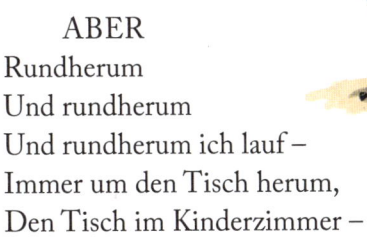

ABER
Rundherum
Und rundherum
Und rundherum ich lauf –
Immer um den Tisch herum,
Den Tisch im Kinderzimmer –

Rundherum
Und rundherum
Und rundherum ich lauf –
Ich glaub, ich bin ein Wanderer, der flieht vor einem Bär –

Ich glaub, ich bin ein Elefant
Und laufe hinterher hinter noch 'nem Elefant
Und hinter noch 'nem Elefant, der nicht vorhanden wär …

UND DARUM
Rundherum
Und rundherum
Und rundherum und rundherum
Und rundherum
Und rundherum
   Ich lauf.

Ich glaub, ich bin ein Kontrolleur, der Fahrkarten verkauft.

Ich glaub, dass ich ein Doktor bin bei einem Hust-und-Schnauf.

Ich könnt ein Kindermädchen sein oder 'ne Schneiderin.
Ich komm mir etwas komisch vor. Ich weiß nicht, was ich bin.

ABER

Rundherum
Und rundherum
Und rundherum ich lauf –
Immer um den Tisch herum,
Den Tisch im Kinderzimmer –
Rundherum
Und rundherum
Und rundherum ich lauf.

Ich glaub, ich bin ein kleiner Hund, der hechelt mit der Zunge;

Ich glaube, ich bin ein Kamel,
Das sucht ein anderes Kamel,
Das sucht ein anderes Kamel, das sucht nach seinen Jungen …

UND DARUM

Rundherum
Und rundherum
Und rundherum und rundherum
Und rundherum
Und rundherum
   Ich lauf.

KLAFÖTELN

Christopher Robin
Hat Popöteln
Und Klaföteln,
Drum muss er
Hüten
Das Bett.
Die zupfen und rupfen
Und machen ihm Schnupfen
Und dass ihm der Kopf brummt
Von früh bis spät.
Die Frage ist nun:
Werden Popöteln
Womöglich zu Röteln,
Und kann aus Klaföteln
Entstehen der Mumps?
Man hat an seiner Brust gelauscht,
Ob da was rasselt oder rauscht,
Von Kopf bis Fuß ihn untersucht nach Pickeln und nach Beulen.
Es war zum Heulen.
Man rief alle Kapazitäten
Herbei, die was verstehen

Von Klaföteln
Und Popöteln,
Und diese fragte man sodann,
Was man dagegen machen kann.

Die allergrößten Spezialisten
Eilten herbei
Und taten so,
Als ob sie etwas wüssten.
Sie meinten, nun ja, da sei jedenfalls
Was nicht ganz in Ordnung mit seinem Hals;
Sie fragten ihn nach seinem Appetit
Und wollten wissen,
Ob die Klaföteln
Eher da warn als die Popöteln,
Oder ob zuerst die Popöteln
Da warn und danach die Klaföteln.
Du darfst nie fummöteln an deinen Klaföteln,
So mahnten sie, denn dieses zieht
Sehr leicht nach sich die Röteln.
Tät man sie aber kühlen und beströteln mit etwas Speck,
Die Klaföteln
Oder auch Popöteln,
Dann würden daraus erst gar keine Röteln,
Oder sie wären bald wieder weg.

Sie sagten: »Entstöteln
Tun Klaföteln
Und Popöteln
Im Grunde ganz genau so wie Röteln«,
Daran gab's nichts zu döteln,
Und sollte er fröteln
Und manchmal gar köteln,
Dann käm es in sehr seltenen Fällen
Sogar zu Scharlöteln.

Christopher Robin
Stand auf heute früh,
Und die Klaföteln, ha, weg waren sie.
Und der kleine Galgenstrick
Hatte so etwas im Blick,
Als wollte er sagen: Na, liebe Leute,
Womit erschreck ich euch denn heute?

BINKER

Ich hab'nen Freund, den keiner kennt; Binker nenn ich ihn,
Binker ist der Grund dafür, dass ich nie einsam bin.
Ob ich auf der Treppe sitze, ob ich übe am Klavier
Oder spiel im Kinderzimmer, Binker, der ist stets bei mir.

    Mein Papa ist wahrhaftig ein sehr gescheiter Mann,
    Und eine bessre Mama sich niemand wünschen kann,
    Und Nanny ist die Nanny, und ich sag zu ihr Nann –
      Doch keiner von den dreien kann
      Ihn sehn, den
      Binker.

Sein kleines Mundwerk steht nie still, er spricht mal laut,
                        mal leiser,
Seit ich ihm Sprechen beigebracht, und manchmal krächzt er
                        heiser.
Und manchmal möcht er lauthals schrein, möcht richtig
                        blöken glatt,
Und das muss ich dann für ihn tun, dieweil er Halsweh hat.

Mein Papa ist wahrhaftig ein sehr gescheiter Mann,
Und Mama ist die beste Ma, die man sich wünschen kann,
Und Nanny ist die Nanny, und ich sag zu ihr Nann –
    Doch keiner von den dreien kann
    Was wissen von
    Binker.

Binker ist wie ein Löwe kühn, lauf ich mit ihm im Park,
Und wenn ich nachts im Dunkeln lieg, ist er wie 'n Tiger stark.
Und keiner kann so gut wie er mir zum Beschützer taugen.
Er weint niemals, außer er kriegt mal Seife in die Augen.

Mein Papa ist der beste Papa und Ehemann,
Und Mama ist die beste Ma, die man sich wünschen kann,
Und Nanny ist die Nanny, und ich sag zu ihr Nann –
　　Doch keiner von den dreien kann
　　So sein wie
　　Binker.

Binker ist nicht verfressen, er isst nur gerne viel;
Drum sag ich, wenn Miss Maggie mir ein Bonbon schenken will:
»Binker will auch ein Bonbon. Ich brauch *zwei* Bonbons, Miss.«
Und dann ess ich sie beide auf, und er schont sein Gebiss.

Den Papa hab ich schrecklich lieb, nur ist er nie zu Haus,
Die Mami hab ich auch sehr lieb, nur geht sie manchmal aus.
Mit Nanny hab ich öfter Streit, die will mich immer kämmen.

Nur Binker lässt mich nie allein; der weiß sich zu benehmen.

HAHNENKLEETAGE

Wo ist Ann?
   Ein Köpfchen dort im Hahnenklee,
Das zieht am Fluss dahin,
   Im gelben Hahnenklee.
Wo ist Ann?
Die geht mit ihrem Mann,
Verloren wie im Traum,
   Verloren ganz im Hahnenklee.
Was geht im braunen Köpfchen ihr herum?
Gedanken wunderschön, doch sie bleibt stumm.
Was hält sie in der Faust? Mir scheint, das wär
Ein Daumen – und zwar der von Christopher.
Wo ist Ann?
Neben ihrem Mann.
Braunes Köpfchen, goldnes Köpfchen
   Auf und ab im Hahnenklee.

ICH UND DU

Egal, wo ich bin, wo ich bin, ist Pu.
Pu tut nie was ohne mich.
Er will stets das tun, was ich tu.
»Wohin des Wegs?«, fragt Pu.
»Ich hab denselben Weg wie du.
Gehn wir zusammen?«, fragt er mich.
»Lass uns zusammen gehn«, sagt Pu.

»Zwei mal elf macht was?«, sag ich zu Pu.
»Zwei mal wieviel?«, fragt er mich.
»Ich schätze zweiundzwanzig, du.«
»Genau das schätz ich auch«, sagt Pu.
»Ich rechne kurz noch mal in Ruh«,
Sagt Pu, und »bitte, stör mich nicht.
Ja, stimmt genau«, sagt Pu.

»Wolln wir heut Drachen suchen gehn?«, sag ich zu Pu.
»Au ja«, sagt Pu, »nur du und ich.«
Am Fluss kommt schon ein Dutzend auf uns zu.
»Das ist ja echt der Clou«, sagt Pu.
»Ich sehe bloß den Schnabel, du,
Dann ist der Fall schon klar für mich.
Das sind waschechte Drachen«, sagt Pu.

»Los, wir erschrecken sie«, sag ich zu Pu.
»Au ja«, sagt Pu, »ganz fürchterlich.«
»Ich fürcht mich nicht«, sag ich zu Pu,
Ich halte seine Tatze fest und rufe einfach: »Huuuh!
Haut ab, ihr blöden Drachen!« – Da sind sie weg im Nu.
»Ich hab mich nicht gefürchtet, du«, sagt Pu und schüttelt sich.
»Ich fürcht mich nie, sind wir zu zweit, wir beide, ich und du.«

Drum, wo ich auch bin, wo ich bin, ist Pu.
Pu tut nie was ohne mich.
»Was hast du denn vor?«, sag ich zu Pu.
»Wenn du nicht wärst«, meint Pu, »ach, du.
Einer allein, das macht keinen Spaß, ich sag's dir ohne Schmu,
Zu zweit ist's viel schöner«, sagt Pu, »finde ich.
Du, ich sag's dir, wie's ist«, sagt Pu.

DER ALTE SEEBÄR

Ein alter Seebär mit Ring im Ohr,
Der nahm sich immer ganz viel vor.
Er kannte sich aus, er hat alles gewusst,
Doch kaum fing er was an, da verließ ihn die Lust.

Mal strandete er auf'ner Insel – nun gut,

Nur fehlten ihm Hosen, auch fehlt' ihm ein Hut

Und Netze und Haken und noch allerhand
Zum Schildkrötenfangen – aus Büchern bekannt.

Und wie er so grübelt, fiel ihm auf die Schnelle
Noch ein, dass (zwecks Wasser) ihm fehlt eine Quelle
Und jemand zum Reden, das wär ein Vergnügen!
Ihm fehlten ein Schaf, ein paar Hühner und Ziegen.

Und gegen das Wetter ein Häuschen dazu
Mit 'ner Türe, die aufgeht und knallt wieder zu,
Und dieses (von wegen der Schlangen) schön laut,
Und ein Riegel davor, dass ihm keiner was klaut.

Als Erstes wollt er ein paar Haken sich schnitzen,
Doch kam von der Sonne er zu sehr ins Schwitzen.

Drum dachte er sich: »Nein, so geht das nicht gut.
Ich glaube, ich mach mir erst mal 'nen Hut.«

Er holt für den Hut sich vom Baum ein paar Blätter,
Dann denkt er: »Ich geh hier glatt drauf bei dem Wetter;
Der Durst macht mich krank, ich komm nicht von der Stelle.
Am besten, ich such mir erst mal eine Quelle.«

Und schon ging er los, doch dann stockt' er und greinte:
»Ich kann hier nicht leben so ganz ohne Freunde!«
Er schrieb in sein Büchlein: »Auf Brechen und Biegen,
Als Erstes brauch ich mal 'n paar Hühner,

nein, Ziegen.«

Kaum sieht er 'ne Ziege, just das, was er sucht,
Da denkt er: »Erst brauch ich ein Boot für die Flucht.

Doch ein Boot, das heißt Segel, heißt Nadeln und Zwirn.
Also erst mal die Nadeln.« Er wischt sich die Stirn.

Er fängt also an, plötzlich denkt er sich: »Halt!
Vielleicht gibt's hier Indianer im Wald.
Ja, hätt ich ein Haus, schöb den Riegel ich vor,
So aber kann's sein, mir bläst einer ins Ohr!«

Er denkt an sein Haus …, denkt an Hosen und Hut,
An Hühner und Ziegen; auch ein Schaf wär ganz gut,
Und Haken (fürs Essen), (zwecks Wasser) 'ne Quelle …
Nur denkt er nicht dran, sich zu rührn von der Stelle.

Zum Schluss tat er sich überhaupt nicht mehr regen,
Hat faul in der Sonne am Strand nur gelegen.
Ich find es empörend, wie der sich benommen.
Der lag faul in der Sonne, bis Rettung gekommen!

DER INGENIEUR

Von mir aus kann's regnen!
Was geht mich das an?
Ich habe ja oben
'ne Eisenbahn.
Mit 'ner richtigen Bremse
Aus einem Stück Schnur,
Und wenn ich dran ziehe,
Dann gibt's einen Ruck,
Und im nächsten Moment
Bleibt er stehen, der Zug.
Weil nämlich die Schnur
Um die Feder sich schlingt,
Was die Lokomotive
Zum Halten bringt.

Kein Rad dreht sich mehr;
Das geht schnell wie der Blitz,
Und das ist wahr, das ist kein Witz.
Da denkt man glatt, das wär ...
Wie 'ne echte Bremse fühlt sich das an,
Mit der man richtig bremsen kann.
Man möchte fast meinen, das wär gar nicht nur
Ein Stück Schnur ...

Das mach ich, wenn's regnet
Und ich kann nicht raus.
Die Bremse bremst gut.
Nur macht sie mir immer die Lok kaputt.

DAS ZIEL

Christopher, Christopher, wo gehst du hin,
Christopher Robin?

»Rauf auf den Hügel, da geh ich hin,
Immer raufer und raufer rauf,
Bis ich ganz, ganz oben bin«,
    Sagt Christopher Robin.

Christopher, Christopher, was willst du denn da,
Christopher Robin?

Da gibt es doch gar nichts zu sehen!
Und wenn du ganz, ganz oben bist, was dann?
  »Dann kann ich wieder runtergehen«,
    Sagt Christopher Robin.

DER PELZBÄR

Wär ich ein Bär
  Wie die ganz großen Bären,
Eis, Rauhreif und Kälte
  Egal mir wären,
Eis, Kälte und Schnee
  Wären schnuppe mir dann,
Denn dann hätt ich ja
  Einen Pelzmantel an.

Hätte Stiefel aus Pelz und aus Pelz eine Mütze,
Hätte Hosen aus Pelz, die ich so nicht besitze,
Und aus Pelz einen Schal, mir zu wärmen den Hals,
Und Handschuh aus Pelz hätt ich ebenfalls,
Unterm Kopf ein Kissen aus Pelzen ich hätte
Und verschliefe den Winter im pelzenen Bette.

VERZIEHEN

Ich fand mal einen Käfer, der Käfer hieß, und hob ihn auf
Und nannte Alexander ihn; er hörte auch darauf.
In eine Zündholzschachtel tat ich ihn rein, und er blieb dort …
Doch Nanny ließ den Käfer raus –

Ja, Nanny ließ den Käfer raus –

Sie ließ den kleinen Käfer raus –

Da lief der Käfer fort.

Sie sprach, es wäre ein Versehn. Das hatte ich mir schon gedacht,
Ein Zündholz habe sie gebraucht und drum die Schachtel
aufgemacht.

Sie sprach, es tät ihr wirklich leid, doch wisse man seit langem,
Ein Käfer, dem die Flucht geglückt, sei kaum mehr einzufangen.

Sie sprach: »Nimm's nicht so schwer, mein Kind! Das wirst
   du doch verwinden.«
Im Garten würden wir gewiss 'nen neuen Käfer finden,
Den würden wir sogleich in eine neue Schachtel treiben,
Und auf die Schachtel würden wir »Hier wohnt der Käfer«
schreiben.

Dann suchten wir den Garten ab, sehr gründlich und geschwind,
Und machten Töne, die Musik in Käferohren sind,
Bis einer kam, den ich erkannt', und fröhlich rief ich aus:
»Komm, Alexander, komm zu mir. Hier ist dein Käferhaus.«

Ich war mir sicher wie noch nie: Das war mein Alexander!
Er sah mich an, als wäre ich ein sehr alter Bekannter.

Und seine Miene, ja, die war ein klein wenig bedrückt,
Als wollt er sagen: »Tut mir leid, dass ich dir ausgerückt.«

Auch Nanny tat die Sache leid. Mit einem schwarzen Stift
Schrieb auf die Schachtel sie darum in ganz, ganz dicker Schrift:
»Hier wohnt der Alexander drin.« Da konnt ich ihr verzeihn,
Denn Käfer, die einmal entwischt, die fängt man schwerlich
wieder ein.

EIN TAPFERER RITTERSMANN

Ich bin ein tapfrer Rittersmann
Und lege meine Rüstung an,
Dann zieh ich in die Welt hinaus
Und schaue nach Gefahren aus,
Nach Drachen, die zu töten sind,
Und wenn ich einen Drachen find,
Denk ich manchmal, ich lasse ihn
Womöglich ungeschoren ziehn,
Dann denk ich, dass ich's doch nicht mache –
Denn er ist immerhin ein Drache.

KEINER HAT ZEIT

Die Sonne, sie scheint auf das Land ringsumher …
Und wenn man ganz still steht, dann hört man das Meer!
Acht Hündchen gibt's neu auf der Ringelreihn-Farm,
Und ich sah einen Seemann mit nur einem Arm!

Doch alle sagen: »Mach dich fort!«
   (Mach dich fort, mach dich fort!)
Alle sagen: »Mach dich fort! Ich hab zu tun; zu tun hab ich!«
   Alle sagen: »Mach dich fort,
   Sei brav, mein Schatz, und stör mich nicht!«
Wenn ich ein Schatz bin, frag ich mich, wieso hat keiner Zeit
                  für mich?

Der Wind, er weht sanft über Hügel und Fluss …
Im Mühlbach das Mühlrad ist schwarz wie Ruß!
Zwei Fliegen ertranken im Weiher da draußen,
Ich weiß jetzt auch, wo die Kaninchen hausen.

Doch alle sagen: »Mach dich fort!«
   (Mach dich fort, mach dich fort!)
Alle sagen: »Ja, Kind, ja!« Doch keiner nimmt sich Zeit für mich!
   Alle sagen: »Mach dich fort,
   Sei brav, mein Schatz, und stör mich nicht!«
Wenn ich ein Schatz bin, frag ich mich: Wieso hat keiner Zeit
                  für mich?

AM SEE

Ich angle.
Psst. Leise sein. Bleibt weg! Nicht stören.
Der Fisch, der könnte euch sonst hören!
Der denkt, ich spiel mit 'nem Stück Schnur,
Der denkt, ich mach bloß Spaß, ich spiele nur,
   Der weiß nicht, dass ich angle,
   Der ahnt nicht, dass ich angle.
    Wozu bin ich denn hier?
     Damit ich Fische fangle.

Nein, eigentlich nicht solche. Ich molche.
Psst, leise sein! Bleib weg, du Strolch!
He, du verscheuchst mir noch den Molch.
Der denkt, ich bin ein Strauch oder so was wie 'n Baum.
Der denkt, ich bin sonstwer, dass ich's bin, denkt er kaum.
Der weiß nicht, dass ich molche.
Der ahnt nicht, dass ich molche.
Wozu bin ich denn hier?
Damit ich sie fangle, die Molche als solche.

DAS KLEINE SCHWARZE HUHN

Beerenblatt und Boxer,
   Knabenkraut und Kuhn
Und der Bauer Mittendrin
   Die hatten schwer zu tun,
Denn alle fünfe jagten sie
   Das Kleine Schwarze Huhn.

Es lief wie gehetzt,
   Die fünf noch gehetzter;
Boxer war Erster und
   Beerenblatt Letzter.
Ich aber sah zu,
   Unterm Pflaumenbaum sitzend.
Da kam's auf mich zu,
   Laut gackernd und flitzend.

Das Kleine Schwarze Huhn,
　»Ach, du bist's!«, sprach's zu mir.
Ich drauf: »Ich danke dir.
　Und du? Was willst du hier?
Und bitte sag mir doch,
　Du Kleines Schwarzes Huhn,
Was wollten denn die fünf von dir,
　Was wollten sie dir tun?«

Das Kleine Schwarze Huhn,
　Es sprach: »Schockschwerenot!
Ein Ei sollt ich für jeden
　Legen zum Abendbrot.
Und wenn sie Kaiser wären
　Und König obendrein,
Für die ein Ei zu legen,
　Das fällt mir gar nicht ein.«

»Ich bin kein König und
	Hab keine Krone auf,
Und wenn vom Baum ich falle,
	Kletter ich wieder rauf.
Ich mach die Augen zu und zähl
	Bis zehn, das kann ich tun,
Drum leg mir, bitte schön, ein Ei,
	Du Kleines Schwarzes Huhn.«

Das Kleine Schwarze Huhn
	Sprach: »Was krieg ich dafür,
Wenn ich ein Ei dir leg
	Zu Ostern, früh um vier?«

»Zuerst ein Bitteschön
	Und dann ein Dankesehr,
Dann gehn wir in den Zoo,
	Und ich zeig dir den Bär.
Mein Knie kann ich dir zeigen
	Und meinen Mückenstich,
Legst du zum Osterfest
	Ein großes Ei für mich.«

Das Kleine Schwarze Huhn,
　»Bittschön und Dankesehr«,
Sprach's, »interessiert mich nicht,
　Auch nicht der braune Bär,
Ich leg ein Osterei,
　Schön groß und dick, für dich,
Wenn du dein Knie mir zeigst
　Und deinen Mückenstich.«

Ich zeigte ihm mein Knie
　Und meinen Mückenstich.
Mit seinem schwarzen Flügel
　Es sachte drüberstrich.
»Jetzt hört's gleich auf zu jucken,
　Zähl nur bis zehn. Und nun
Will ich ein Ei dir legen«,
　So sprach das Kleine Schwarze Huhn.

Wenn Ostern ich erwache
　Beim ersten Hahnenschrei,
Dann werde ich es finden,
　Mein schönes Osterei.
Und wenn ich Kaiser wäre
　Und König obendrein,
Es könnt fürwahr nicht voller
　Von feinen Sachen sein.

Beerenblatt und Boxer,
  Knabenkraut und Kuhn
Und der Bauer Mittendrin,
  Die hatten schwer zu tun,
Denn alle fünfe wollten sie
  Ein Ei zum Abendbrot,
Doch dafür hat es keine Zeit, das Kleine Schwarze Huhn
Leider hat's keine Zeit dafür, das Kleine Schwarze Huhn,
Dafür hat's leider keine Zeit, das Kleine Schwarze Huhn,
  Denn heut legt's MIR ein Osterei, da hat's genug zu tun!

DER FREUND

Manche Leute fragen einen ständig das und dies:
Wann dieses war, was jenes wog, wie welcher König hieß,
Und ist die Antwort »hundert Zoll« oder »am dritten Tag«,
Dann denken die, ich wäre dumm, wenn ich was Falsches sag.

Drum tuscheln Pu und ich, und Pu schaut weise drein und
spricht:
»Ich sag jetzt mal einhundert Zoll; kann sein, das stimmt gar
nicht.«
Dann ist's egal, ob er sich irrt, ob seine Antwort stimmt,
Weil man die falsche Antwort *ihm*, nicht *mir* dann übelnimmt.

DAS ARTIGE MÄDCHEN

Verrückt, dass die Großen mich immer fragen: »Du, Jane?
   Warst du auch artig?
   Warst du auch artig?«
Wieso fragen die jedes Mal, wenn sie mich sehn:
   »Warst du auch artig?
   Warst du auch artig?«

Ich geh zum Geburtstag, und hinterher
Fahr ich ein paar Tage zur Tante ans Meer,
Ich komm aus der Schule, vom Spielen am Teiche,
Ganz gleich, wo ich war, es ist immer das Gleiche:
   »Na, Jane?
Warst du auch artig?«

Und jedes Mal heißt's nach dem herrlichsten Tage:
»Warst du auch artig?
Warst du auch artig?«
Ich komm aus dem Zoo, und sofort kommt die Frage:
»Warst du auch artig?
Warst du auch artig?«

Ja, denken die denn, ich bin garstig und roh,
Und dass ich was Schlimmes getan hab im Zoo?
Und wenn, tät ich's ihnen bestimmt nicht sagen.
Und wär ich nicht artig, dann kämen doch Klagen.
Ich weiß nicht, wieso Ma und Paps immer fragen:
»Na, Jane,
Warst du auch artig?«

ÜBERLEGUNG

Wär ich jetzt John, und John wär ich,
Wär er schon sechs und ich noch nich.
Wär John jetzt ich, ich John, ja dann
Hätt ich nicht diese Hosen an.

KÖNIG HILARY UND DER BETTELMANN

Alljährlich um die Heilige Nacht
  Erzählt sich alle Welt die Mär
Vom guten König Hilary,
Die, wie ich mir schon immer dachte,
Sich ganz bestimmt viel besser machte,
  Wenn sie in Reimen käm daher.
Und weil sich nun bis heute kein Dichter dafür fand,
Drum nehm ich endlich selber die Sache in die Hand.

Der gute König Hilary,
Der sprach zu seinem Kanzler
(Dem stolzen William Willoughby,
Lord Willoughby, dem Kanzler):
»Geh, renn geschwind zum Tor,
Geschwind, geschwind, geschwind wie nie,
Geh, renn geschwind zum Tor
  Und schau, wer draußen pocht so dumpf.
Vielleicht ist es ein reicher Mann
Vom Morgenland, der Patschuli
Und Pfauen für mich hat,
Smaragde, einen Kolibri;
Oder es ist ein armer Mann,
Vom Wandern müd und weich die Knie,
Der bringt Orangen, süß wie nie,
  Für meinen Weihnachtsstrumpf.«

Der stolze William Willoughby,
Lord Willoughby, der Kanzler,
   Der lachte laut: »Ha-ha, hi-hi!
Ich dien Euch treulich und gediegen,
Seit Majestät den Thron bestiegen,
Doch leider kann ich noch nicht fliegen.
Ich schreite nur, ich renne nie. Dazu könnt nicht mal Ihr mich
                                               kriegen«,
   Sprach Kanzler Willoughby nicht ohne Ironie.

Der gute König Hilary,
Der sprach zu seinem Kanzler
(Dem stolzen William Willoughby,
Lord Willoughby, dem Kanzler):
»Dann schreite rasch zum Tor,
Geschwind, geschwind, geschwind wie nie,
Dann schreite rasch zum Tor
   Und schau, wer draußen pocht so dumpf.

Vielleicht ist es ein Kapitän
Mit Bart und Hakennase,
Der Goldstaub für mich hat
Und Spezereien, Sandelholz;
Oder es ist ein Vagabund,
Der durch die Lande streift und sich eins pfeift
Und der mir Zuckerpflaumen bringt
    Für meinen Weihnachtsstrumpf.«

Der stolze William Willoughby,
Lord Willoughby, der Kanzler,
    Der lachte laut: »Ha-ha, hi-hi!
Ich diene hier, seit ich war vier,
Und bliebe gern noch länger hier.
Ich machte manches Fenster auf, doch niemals eine Tür«,
    Sprach Kanzler Willoughby nicht ohne Ironie.

Der gute König Hilary,
Der sprach zu seinem Kanzler
(Dem stolzen William Willoughby,
Lord Willoughby, dem Kanzler):
»Dann mach geschwind das Fenster auf,
Geschwind, geschwind, geschwind wie nie,
Dann mach geschwind das Fenster auf
  Und schau, wer draußen pocht so dumpf.

Es könnt auch eine Zofe sein
Mit Apfelbäckchen, süßen,
Von ihrer Herrin hergeschickt
Mit allerschönsten Grüßen,
Es könnten kleine Kinder sein,
Die tuscheln ganz beflissen
Und bringen mir ein Körbchen, voll
Mit braunen Haselnüssen
  Für meinen Weihnachtsstrumpf.«

Der stolze William Willoughby,
Lord Willoughby, der Kanzler,
  Der lachte laut: »Ha-ha, hi-hi!
Ich dien Euch nun so lange schon.
Doch ich bin Kanzler, kein Spion.
Zum Fenster rausschaun – welch ein Hohn!«,
  Sprach Kanzler Willoughby nicht ohne Ironie.

Da sah der König Hilary
Gar seltsam an den Kanzler
(Den stolzen William Willoughby,
Lord Willoughby, den Kanzler)
Und sagte nicht ein einziges Wort
Zu dem stocksteifen Kanzler,
Er rannte vielmehr selbst zum Tor,
  Zu schauen, wer da pocht so dumpf.
Kein reicher Mann dort draußen stand,
Kein Kaufmann aus dem Morgenland;
Auch konnt er keinen Kapitän
Mit Bart und Hakennase sehn,
Und keine Zofe ihn entzückt,
Von ihrer Herrin hergeschickt.
Es war ein armer Bettelmann,
Der hatte einen Strumpf nur an,
  Einen knallroten Strumpf.

Der gute König Hilary
Sah an den Bettelmann
  Und lachte laut, so laut wie nie.
Er zog den Bettelmann ins Haus
Und sprach: »Du siehst recht kräftig aus.
Komm rein und wirf den Kanzler raus
  Und werde selber Kanzler«, sprach König Hilary nicht ohne
                                                    Ironie.

Das war die Mär vom guten König Hilary,
Zur Weihnachtszeit erzählen sie
Die alten Frauen überall.
   Und hier folgt nun noch die Moral:
Erstens: *Was auch bereithält das Geschick,*
Pack zu und schmiede selbst dein Glück.
Zweitens (und das gilt nun ganz besonders mit Blick
Auf Majestäten): Wie man's nimmt
   (Und wenn es auch nicht immer stimmt),
Sogar ein Bettler, der nur einen
Knallroten Strumpf trägt an den Beinen,
Ob ihr es glaubt, ob nicht, der kann
   Noch Kanzler werden irgendwann.

DIE ZWEIERREIHE

Im Walde zwei kleine Bären ich traf,
Und einer ist böse, der andre ist brav.
Bär Brav lernt sein Zweimaleins, so wie du,
Doch Bär Böse knöpft nie seine Knöpfe sich zu.

Wenn's heiß ist, dann wohnen sie in einem Baum,
Und der eine ist brav, doch der andre wohl kaum.
Bär Brav lernt sein Zweimalzwei und macht's gut,
Doch Bär Böse macht all seine Sachen kaputt.

Sie haben 'ne Höhle, wenn's kalt werden sollt;
Und der eine gehorcht, und der andere schmollt.
Bär Brav, der lernt fleißig sein Zweimaldrei,
Doch Bär Böse hat niemals ein Taschentuch bei.

Nun wohnen sie ja bei der Tante im Wald,
Und der eine sagt: »*Bitte*«, der andre: »*Wird's bald!*«
Bär Brav lernt artig sein Zweimalvier,
Doch Bär Böse hat Hosen wie 'n Sieb, glaubt es mir.

Und plötzlich (genau wie bei uns), 's ist zu dumm,
Hat sich einer gebessert, und der andre wird schlumm.
Bär Brav, der vermasselt sein Zweimaldrei,
Und Bär Böse hat plötzlich ein Taschentuch bei!

Bär Brav kann sein Zweimalzwei nicht mehr gut,
Und Bär Böse macht plötzlich nie mehr was kaputt.
Bär Brav hat sein Zweimaleins nicht mehr im Kopf,
Und Bär Böse, der knöpft sich nun zu jeden Knopf.

Wie heißt die Moral? Vielleicht gibt's ja gar keine.
Ich weiß zwar nicht, welche, doch ich glaub, es gibt eine.
Wenn einer sich bessert, und einer wird schlumm,
Dann geht's uns wie diesen zwei Bären (zu dumm).
Christophers Gedächtnis ist ein Phänomen,
Denn der weiß sogar noch sein Zweimalzehn.
Doch ich, ich weiß nie, wo mein Füllhalter blieb.**

** *Weshalb ich dies Gedicht mit Bleistift niederschrieb.*

SCHAUKELLIED

Ich flieg mit meiner Schaukel
    So hoch, wie's mir gefällt.
Ich bin der König von Wald und Flur,
    Ich bin der König von Stadt und Land,
Bin König der ganzen Welt.
    Ich fliege froh und munter
So hoch, wie's mir gefällt,
Ich flieg mal rauf, mal runter,
    Dicht unterm Sternenzelt.

DER MORGENSPAZIERGANG

Gehn wir spazieren, ich und die Ann,
Dann gehn wir Hand in Hand, und dann
Erzählen wir uns lauter Sachen,
Die wir einst, wenn wir zweiundvierzig sind, machen.

Wenn wir uns dann auf was versteifen,
Wie Radeln, Kullern mit dem Reifen,
Mit Anns Ballon ins Blaue fliegen,
Wird's unser Nachmittagsvergnügen.

WIEGENLIED

Oh, Timothy Pit
 Hat zehn rosa Zehen,
 Und zehn rosa Zehen
Hat Timothy Pit,
Die gehn mit ihm mit,
 Wohin er auch geht,
 Ganz egal, wo er hingeht,
Sie gehn mit ihm mit.

Oh, Timothy Pit
 Hat zwei blaue Augen,
 Und zwei blaue Augen
Hat Timothy Pit.
Die weinen mit ihm mit,
 Wann immer er weint,
 Ganz egal, wann er weint,
Sie weinen mit ihm mit.

Oh, Timothy Pit
 Hat ein rotes Schöpfchen,
 Und ein rotes Schöpfchen
Hat Timothy Pit.
Das schläft mit ihm mit,
 Schläft auf seinem Köpfchen.
 Schlaf schön, rotes Schöpfchen
Von Timothy Pit.

WIND AUF DEM HÜGEL

Keiner erklärt mir,
    Weil's keiner versteht,
Woher der Wind kommt
    Und wohin der Wind geht.

Er kommt wie im Flug,
  Da kommt keiner mit.
Nicht mal, wenn ich renne,
  Halt ich mit ihm Schritt.

Halt ich meinen Drachen
  Nicht fest ganz geschwind,
Dann fliegt er davon
  Tag und Nacht mit dem Wind.

Fänd ich ihn dann wieder
  An gleich welchem Ort,
Dann wüsste ich endlich:
  Der Wind war auch dort.

Dann hätt, wo er hingeht,
  Ich endlich gesehn …
Nur wo der Wind herkommt,
  Kann keiner verstehn.

VERGESSEN

Die Kinderzimmerherrscher,
  In Reih und Glied sie warten,
Fünf auf der hohen Mauer,
  Fünf auf der niedrigen im Garten;
Großer König, kleiner König,
  Schwarzer Bär und brauner Bär,
Alle warten sie auf John,
  Auf seine Wiederkehr.

Einer denkt, dem John sei wohl
  Im Wald was zugestoßen,
Ein andrer sagt, das kann nicht sein,
  Das wär ganz ausgeschlossen.
Einer glaubt, John hielte sich
  Hinterm Berg verborgen;
Einer sagt, er kommt nie mehr,
  Ein andrer, er kommt morgen.

Die Sonne hoch am Himmel stand,
   Da ging der John davon …
Nun warten sie und warten sie
   Seit vielen Stunden schon;
Weißer König, schwarzer König,
   Großer Bär und kleiner Bär,
Alle warten sie auf John,
   Auf seine Wiederkehr.

Die Kinderzimmerherrscher
   Stehn in der Abendkühle;
Der eine schaut zum Schafstall,
   Ein andrer schaut zur Mühle,
Einer schaut auf die Dächer
   Des grauen Städtchens runter …
Die Schatten werden länger,
   Schon geht die Sonne unter.

Goldglänzend in den Pappeln
  Der alte Mond sich zeigt,
Und silbern auf der Sternenbahn
  Der Vollmond aufwärts steigt,
Und silbern auf der Sternenbahn
  Schleicht sich der Mond davon …
Still liegen Berg und Täler,
  Die grauen Felder schlafen schon.

Die Kinderzimmerherrscher
  Jedoch, sie bleiben wach …
Im Schafstall kommt zur Ruhe
  Die Herde nach und nach.
Ein junger Vogel zwitschert
  In seinem Vogeltraum;
Ein kleiner Wind seufzt leise
  Und schlummert ein im Baum.

Und ganz allmählich dämmert
  Herauf der neue Morgen …
Was ist denn nur mit John passiert?
  Ein jeder macht sich Sorgen.
Der eine denkt, er hat sich
  Dort hinterm Berg verirrt,
Einer sagt, er kommt nie zurück,
  Ein andrer sagt, er wird.

Was ist denn nur mit John passiert?
    Nichts. Alles ganz normal.
Erst hüpfte mit dem Springseil er,
    Dann spielte er noch Ball,
Lief Schmetterlingen hinterher,
    Rot, blau und violett,
Ist rumgetollt den ganzen Tag –
    Und dann ging er ins Bett.

IM DUNKELN

Ich hab schon Abendbrot gegessen,
  Ich *hab* schon Abendbrot gegessen,
    Ich hab schon gegessen, ich sag es noch mal;
Hab das Märchen gehört,
  Von Aschenbrödel
    Und wie sie ging zum Königsball;
Ich habe mir schon die Zähne geputzt
  Und mein Nachtgebet aufgesagt,
    Hab gar nichts vergessen, hab alles gemacht;
Und alle sind zu mir gekommen
  Und haben mir viele Küsschen geschenkt,
    Und alle sagten sie mir gute Nacht.

Und jetzt bin ich also im Dunkeln alleine,
  Und keiner kann mich sehn;

Und ich denk so für mich,
Und ich spiel so für mich,
Und keiner weiß, was ich sag so für mich;
Jetzt bin ich im Dunkeln alleine.
Meint ihr etwa, ich fürchte mich?
Ich denk mir lauter Sachen aus,
Ich spiele, was ich spielen will,
Ich habe immer was zu lachen.
Und keiner ist da, nur ich.

Ich spreche mit einem Kaninchen …
Ich spreche sogar mit der Sonn …

Ich denk mir, ich bin erst ein Jahr alt –
Oder bin hundert schon.
Ich liege im Wald unter Bäumen ...
    Lieg in einer Höhle am Rande der Wiese ...
Ich spreche mit einem Drachen ...
    Bin mutig wie ein Riese.
Erst lieg ich auf der linken Seite ...
    Dann lieg ich auf der rechten Seite ...
Morgen werde ich ganz viel spielen ...

        · · · · · ·
Morgen denk ich mir ganz viel aus ...

        · · · · · ·
Morgen ...
    werde ich ...
        ganz viel lachen ...
    (Juchhei!)
Und jetzt werde ich ...
        schön die Augen ...
            zumachen.

ZUM SCHLUSS

Als ich eins gewesen bin,
Ja, das war der Anbeginn.

Später wurde ich dann zwei
Und war noch so gut wie neu.

Als ich drei war, eigentlich
War ich da noch gar nicht ich.

Und mit vier, da war ich leider
Immer noch nicht sehr viel weiter.

Als ich fünf war, war ich endlich
Schon ein bisschen mehr lebendig.

Doch nun bin ich sechs und bin schlau – unbeschreiblich.
Und sechs find ich prima. Ich glaube, sechs bleib ich.

Inhalt

Alan Alexander Milne, geboren 1882 in London, studierte Mathematik in Cambridge und arbeitete als Journalist, Autor und stellvertretender Herausgeber der Zeitschrift *Punch.* Seine Verse und Erzählungen von Pu dem Bären, für die er sich von den Stofftieren seines Sohns Christopher Robin inspirieren ließ, wurden zu einem Klassiker der Weltliteratur. 1956 starb A. A. Milne in Hartfield.

Ernest Howard Shepard, Jahrgang 1879, besuchte die Royal Academy School und begegnete A. A. Milne erstmals bei der Zeitschrift *Punch.* Mit seinen Zeichnungen zu Pu dem Bären, für den der Familienteddy der Shepards als Vorlage diente, gelang ihm der künstlerische Durchbruch. Ernest H. Shepard starb 1976.

Christa Schuenke übersetzt seit vier Jahrzehnten Lyrik und Prosa aus dem Englischen und hat neben zahlreichen modernen Autoren auch Werke von Shakespeare, Melville und Poe ins Deutsche übertragen. Sie erhielt u. a. den Wielandpreis und den Übersetzerpreis der Kunststiftung NRW.

Neuausgabe

3. Auflage 2021
© by Atrium Verlag AG, Zürich, 2017
Alle Rechte vorbehalten
Die Originalausgaben erschienen unter den Titeln *When We Were Very Young* und
Now We Are Six bei Egmont Children's Books Ltd.
© by Egmont Children's Books Ltd.

Aus dem Englischen von Christa Schuenke
Strichzeichnungen: Ernest H. Shepard
Die Zeichnungen wurden von Mark Burgess koloriert
© 1989 Methuen Children's Books
Satz: pagina GmbH, Tübingen
Druck und Bindung: Livonia Print, Riga, Lettland
Printed in Latvia
ISBN 978-3-85535-022-3

www.atrium-verlag.com

LChoice App kostenlos laden,
dann Code scannen und jederzeit
die neuesten Atrium-Titel finden.